「国家の衰退」から
いかに
脱するか

大前研一
Kenichi Ohmae

小学館

「国家の衰退」からいかに脱するか

大前研一

目次

第2章〈空転する外交〉「自国第一主義」にどう対するか 105

第3章〈次なる戦略〉日本「再起動」のための処方箋　165

まえがき　もし今、田中角栄がいたら〝安倍の無策〟を嘆いたはずだ

２０１９年11月20日は、日本の政治史上「最も不名誉な日」として記憶されるかもしれない。安倍晋三首相が通算在職日数で「歴代最長」となるからだ。

明治から大正にかけて三度にわたって首相を歴任した桂太郎（２８８６日・歴代1位）や、近代日本の礎を築いた初代首相の伊藤博文（２７２０日・歴代3位）、戦後最長政権を誇った大叔父の佐藤栄作（２７９８日・歴代2位）をも上回り、短命政権が多かった平成以降の総理大臣としては異例の長さと言えるだろう。このまま２０２１年9月末までの自民党総裁任期を全うすれば、通算３５６７日に及ぶ長期政権となる。

しかし、改めて問うてみたい。安倍首相はその栄誉に値する政治家なのだろうか、と。

歴代最長の「悪夢」

長期政権というと、長らく国民の熱い支持を得て、安定した政治を行なっていたかのよう

な印象を受けるかもしれない。しかし、政権の長さと実際の功績とは必ずしも一致しない。
たとえば、これまで歴代最長だった桂太郎は、元老・山県有朋《やまがたありとも》の腰巾着《こしぎんちゃく》とも言われ、しばしば妥協して相手を懐柔する政治姿勢を「ニコポン宰相」「大天狗」「十六方美人」などと揶揄《やゆ》された。日露戦争時や韓国併合時の首相として高く評価する見方もある一方で、伊藤や山県、あるいは関東大震災時に一晩で復興計画を書いたと言われる後藤新平元内相（桂のブレーンの1人でもあった）のように、数々のアジェンダ（政治課題）を実行した政治家に比べると、後世の評価は高くない。

歴代2位の佐藤栄作は、非核三原則や沖縄返還などを実現し、日本人でただ1人のノーベル平和賞受賞者だ。しかし、その一方では「日米密約」の当事者でもあったし、昨今問題となっている1965年の日韓基本条約、およびそれに付随する日韓請求権協定などを締結している。自身に批判的な新聞記者を全員排除した退任会見なども、その評価を下げる原因となった。

また、地方にも多選・長期政権を誇る首長が少なくない。だが、何十年にもわたってその地方に君臨し続けた首長が必ずしも優れた為政者ではなかったという例は枚挙に暇《いとま》がない。結局、政権の長さが象徴するのは、政治家の実際の能力や功績ではなく、選挙における有権者の〝熱量〟の低さであり、政治に対する失望の裏返しなのではないかとも思えてくる。

安倍首相は、事あるごとに旧民主党政権時代を「悪夢」だったと形容している。だが、本書の第1章で詳述するように、安倍政権が約7年かけて行なった施策の多くは、「愚策」と呼ぶべき意味不明の政策ばかりである。本来なら、将来世代のために統治機構改革や国民データベース（DB）などのような制度の改革に取り組むべきなのに、ただ目の前の選挙対策のためにポピュリズム（大衆迎合主義）政策を繰り返しているだけである。後から振り返ってみれば、長いだけで何も功績を残していない安倍政権時代こそ、歴史家や政治学者によって、日本の衰退を決定づけた「歴代最長の悪夢」だったと総括されるのではないか。

中曽根元首相の足元にも及ばない

安倍首相は、任期途中からしきりに「戦後政治の総決算」を強調し、2016年にはアメリカのバラク・オバマ大統領（当時）の広島訪問、ロシアのウラジーミル・プーチン大統領との平和条約交渉、さらに同年末のハワイ真珠湾訪問と、それを目指した外交を矢継ぎ早に展開した。だが、もともと「戦後政治の総決算」というスローガンを使ったのは、30年前の中曽根康弘元首相である。安倍首相はその中曽根元首相の通算在職日数（1806日・戦後歴代5位）をも大きく超えているわけだが、政治家としての評価は全く別だ。はっきり言えば中曽根元首相の足元にも及ばないと思う。

私はたまたま、この2人の政治家それぞれと会食した経験がある。

中曽根氏には首相在任中、アドバイザーとしてたびたび呼ばれたが、会食とは名ばかりで、いつも料理をゆっくり食べている暇はなかった。中曽根氏は、事前にたくさん質問を考えていて、それを次から次へとぶつけてくるからだ。そして私の返答を小さな紙に書き留め、

「大前さんが言っていることは、つまりこういうことですね」と、1項目ずつ復唱しながら確認するのである。

また、秘書を介して私が海外で英語で講演した時のビデオを4～5本借りていったこともある。理由は、自分がアメリカで英語でスピーチする際の言い回しやパフォーマンスのポイントを学ぶためだった。そういう中曽根元首相の努力と集中力には頭が下がった。

一方、安倍氏と会食したのは、第一次政権を途中で投げ出した後、第二次政権が誕生する半年ほど前の、捲土重来《けんどちょうらい》で首相に復活したいと考えていた頃である。とある経済人を介して会うことになったのだが、その時は自分が成立させた国民投票法で憲法改正を実行するという強い意欲を示していた。それは私が考える改憲とは全く方向性が違っていたが、改憲への並々ならぬ決意は感じた。しかし、それ以外のアジェンダや政策については、ほとんど印象に残らなかった。

「空の色を変えた」角栄の構想力

かつてこの国には、田中角栄という偉大な政治家がいた。戦後日本は「入《い》るを量《はか》りて出《い》ずるを制す」の均衡財政で国債を発行せずにやってきた。ところが田中は、人口ボーナスのある成長期に国家をどう発展させるかと考え、大蔵大臣になった時に「使うほうを先に考えろ」「足りない分は国債を発行して将来から借金すればいいんだ」と号令をかけたという。私の友人の元大蔵官僚は、当時を振り返って「まさに青天の霹靂《へきれき》。空の色があの日変わった」と言っていた。コペルニクス的転回ならぬ〝田中角栄的転回〟である。

実際には、田中の次に蔵相になった福田赳夫《たけお》が、東京オリンピック後の不況で戦後初の国債発行を余儀なくされたが、田中は首相に就任すると持論通りに国債発行額を一気に増やし、日本全国津々浦々のインフラを整備して「国土の均衡ある発展」を推進したのである。それは間違っていなかったと思う。

しかし、その後の自民党政治は単に田中の延長線上で、彼のやり方を踏襲してきただけである。とっくの昔に成長期は終わって今や人口オーナス（負担）の成熟期になっているのに、いつまでも「国土の均衡ある発展」にこだわり、「ふるさと創生」「地方創生」を唱えて税金の無駄遣いを続けている。

もし、いま田中角栄が政治を動かしていたら、安倍首相の無策を嘆き、平成・令和時代の「空の色を変える」ような政策を構想し、断行したに違いない。すなわち、発想を完全に逆転し、地方への交付金や補助金のバラ撒《ま》きをストップして、成熟期にふさわしい真の地方自治＝道州制を目指したのではないだろうか。言い換えれば、中央集権から真の地方自治への組織運営体制の大転換である。

世界的に進む「政治の劣化」と「国家の衰退」

今、この国では政治の劣化が急速に進んでいる。小選挙区制の導入に伴ってますます小粒化する政治家と、その政治家に媚《こ》びへつらう官僚が引き起こす不祥事が後を絶たない。

その一方で、人口減少社会に転じた日本は、経済成長率も低位安定を続けている。安倍首相が当初掲げた2％成長にはいっこうに届かず、多くの国民が「国家の衰退」をじわじわ感じているのではないかと思う。

ただ、政治の劣化が進んでいるのは日本だけではない。第2章で述べるように、世界でもまた「国家の衰退」が進んでいる。たとえば、アメリカでは「ミー・ファースト（自国第一主義）」のドナルド・トランプ大統領が政権に就いて以降、想像もつかないぐらい言論空間が破壊されている。トランプ政権を厳しく追及していたCNNですら、その批判の矛先は鈍ってきており、次の大統領選挙がある2020年11月以降、誰が大統領になったとしても、もともと自由・人権・民主主義を世界中に振り撒いてきたかつてのアメリカには戻れないだろう。

それは「ブレグジット」（EU離脱）を目指すイギリスや、同じアジアの中国・韓国とも共通する「劣化」「衰退」なのではないかと思う。

日本は、かろうじて2020年の東京オリンピック・パラリンピック前までは、訪日外国人のインバウンド需要も含めて五輪特需が続くかもしれない。しかし、その後は前回1964年の東京オリンピックと同様、景気後退は避けられまい。

そうした中で安倍首相がやっているのは、自らの退任までの花道を飾るための単なる時間稼ぎの政策だ。将来世代から借金をして、ただ目の前の問題を先送りしているにすぎない。人口減少・少子高齢化が進む中で、今のような放漫政策を続けられるわけがない。このままでは、もはやこの国はもたない。

本書では、安倍政権の政策がいかに的外れで、限界を迎えているかを改めて検証しつつ、どうやってこの国を「再起動」させるべきか、あるいは企業や地方や個人はどう生き残っていけばよいのか――〝サバイバル〟のための戦略を考えていきたいと思う。

国家は衰退する。だが、その衰退する国家と、個人や地方は一蓮托生《いちれんたくしょう》ではない。そこに希望を見いだしてもらえたら幸いである。

2019年9月　大前研一

第1章

〈劣化する政治〉

安倍政権「愚策」の研究

消費増税

矛盾だらけの軽減税率、ポイント還元…「哲学なき増税」の欺瞞

２０１９年10月の消費税率10％への引き上げをめぐる政府・与党の景気対策の迷走ぶりは、目に余るものだった。

たとえば「中小の小売店でキャッシュレス決済をした買い物客に購入額の２％をポイントで還元」「低所得者にプレミアム商品券を発行」「住宅ローン減税の拡充・延長」「住宅エコポイントの復活」「自動車税の税率引き下げ」「エコカー減税の延長」といった具合である。しかし、これらはどれもこれも噴飯ものだ。

そもそも、酒類を除く飲食料品やテイクアウト・宅配の税率を８％に据え置く軽減税率制度は矛盾だらけである。コンビニで弁当やパンを買って帰った場合は８％だが、店内のイートインで食べたら外食とみなされて10％、ハンバーガーもテイクアウトや宅配は８％だが、店内で食べると10％、「みりん風調味料」は８％だが、アルコール分が１度以上の「本みりん」は10％、週２回以上発行する「新聞」は８％だが、私が連載している『週刊ポスト』のように週１回発行の「雑誌」は10％——など、全く整合性がない。

また、キャッシュレス決済をしたら購入額の２％をポイントで還元するというが、クレジットカードや電子マネーを持っていない子供や高齢者などは、その恩恵を受けられないことになる。それは、情報弱者に対する一種の差別とも言える。

しかも、８％に据え置かれる飲食料品は、キャッシュレス決済をすればポイントで２％還元されるから、税率は実質６％になって、今よりも税負担が軽くなる。さらに２０２０年６月末までは、「中小小売事業者」で買い物や飲食、宿泊などをした時にキャッシュレス決済をしたら、５％のポイントが還元される。あまりにも支離滅裂で、二の句が継げない。政治家が票を数えながら、お手盛りをしている姿が目に浮かぶ。

税金の徴収は税務署の胸三寸

もともと日本は税金の徴収が非常に恣意的である。たとえば、温泉（鉱泉浴場）の「入湯税」の税率は各市町村でバラバラだ。総務省のＨＰ《ホームページ》によると、税率は「１日１人１５０円を標準とする」となっているが、自治体は条例で金額を変えられるため、２０１７年度の各市町村の税率は20～２５０円と大きな幅がある。

あるいは「ゴルフ場利用税」。これは都道府県が課税し、収入額の10分の7がゴルフ場のある市町村に交付されるが、標準税率が「１人１日につき８００円（制限税率１２００円）」で、都道府県はゴルフ場の整備状況などに応じて税率に差を設けることができる。２０１７年度の各市町村の税率は３００～１２００円などとなっている。

そもそもゴルフ場に利用税があってテニスコートに利用税がない理由も、さっぱりわからない。政治家や役人は、ゴルフは贅沢なスポーツで、テニスは贅沢なスポーツではないと考えているわけだが、今やそんな時代ではないだろう。

さらに、経費や接待交際費の基準も、税務署の胸三寸だ。たとえば得意先や仕入れ先などを接待した場合、交際費ではなく税制上有利な会議費として計上できる飲食費は1人あたり5000円以下で、5000円を超えた場合の交際費は資本金が1億円以下の会社と1億円超の会社で損金算入できる割合が異なる。

結局、これらはすべて税務署が鉛筆をなめながら決めているのだ。なぜ温泉に入ると税金がかかるのか、なぜゴルフが贅沢なのか、なぜ交際費の線引きが5000円や1億円なのかということは、どこにも書いてない。税務署のさじ加減ひとつなのだ。しかし、こんなちまちましたことをやっているのは日本だけである。

なぜ国民に現実を説明しないのか

かてて加えて、消費税を3%→5%→8%→10%と小刻みに上げているのも、日本だけである。たとえば、オーストラリアは2000年7月、10%の「GST」(Goods and Services Tax/商品・サービス税)を導入した。ジェトロ(日本貿易振興機構)のHPによれば、GSTはオーストラリア国内で消費されるほぼすべての商品・サービスに課されるが、大半の食料品や教育関連費、医薬品などは非課税だ。その是非をめぐって10年近く国民的議論を重ねた上で、最終的にはいきなり10％で導入が決まった。

日本は、ＧＤＰ（国内総生産）の２倍近い１１００兆円以上の借金（国および地方の長期債務残高）を抱えている逼迫《ひっぱく》した財政状況を踏まえれば、消費増税は不可避である。ただし、8％を10％に上げたところで、どうにもならない。２％の増税によって増える税収は年間約５兆円とされるが、それではプライマリーバランス（基礎的財政収支）の黒字化にも程遠い。

仮に１１００兆円を40年間で返すとすれば、単純計算で年間27・５兆円の税収増が必要となるが、消費税２％で５兆円なら、さらに９％上げる必要がある。10％＋９％＝19％だ。しかし、国立社会保障・人口問題研究所の推計（２０１７年）によると、日本の総人口は２０６５年に８８０８万人にまで減少する。そうなれば消費も大きく減退するから、私の試算では、消費税を25％程度にしないと借金は返していけない。軽減税率やポイント還元で景気対策をやっている余裕はないはずだ。

ＥＵ（欧州連合）の場合、加盟国には単年度の財政赤字がＧＤＰ比３％以下、公的債務が同60％以下という基準を順守することが義務付けられている。しかし、イタリアは公的債務が約１３０％に達しているため、ＥＵから２０１９年予算の見直しを要求された。日本は、それが約２４０％に膨らんでいるのだ。事実上、イタリアどころか、自国通貨が暴落したベネズエラやアルゼンチンと同じような状況なのである。

この国家的な危機から脱して子や孫にツケ送りをしないためには、政治家が日本の財政のシリアスな現状を国民に訴え、それを消費増税で一刻も早く改善して将来世代が苦しまないようにしなければならない、と真摯《しんし》に説明する必要がある。ところが、そういう説明は全くない。これは政治家の怠慢であり、要するに「税率を上げるけど、下げるのもあるので……」という今回の消費増税には何の哲学も理念もないのである。そのくせ、早くも補正予算を組んで景気対策の名を借りた選挙対策をやり、ありえない無駄遣いを続けようとしているのだから言語道断だ。

後述する「ふるさと納税制度」もそうだが、とにかく日本の税金論議は目線が低すぎる。日本人は税金についてもっと正面から取り組まないと、遠からず国が滅びてしまうだろう。

サラリーマン増税

「年収850万円超は負担増」が間違っているこれだけの理由

2018年度の税制改正大綱で、年収850万円を超えるサラリーマンと同1000万円を超える公的年金受給者は、2020年1月から増税されることになった。さらに、国際観光旅客税や森林環境税が創設され、たばこ税も1本あたり3円の増税となる。その一方で、法人税は、賃上げをしたり、IoT（モノのインターネット）やAI（人工知能）などに投資したりすると、最大20％程度まで減税が可能になる。

政府・与党がなぜ、こんなバカげたことをやるのか、私は全く理解できない。自民党の政治家や官僚たちは、サラリーマンの生活実態も世界の趨勢《すうせい》も、残念なほどわかっていない。

この税制改正（改悪）では、全納税者が対象の基礎控除を一律10万円引き上げる一方で、サラリーマンを対象とした給与所得控除は10万円減額する。ここまでならサラリーマンも差し引きで変わらないが、これに加えて給与所得控除の控除額の上限も引き下げるため、年収850万円超のサラリーマンが増税となる。増税額は、年収900万円で年1・5万円、年収1000万円で年4・5万円などとなる。政府・与党によると、年収850万円超の会社員は約430万人で、子育てをしている約190万人と介護をしている約10万人を除く約230万人が対象となり、この増税による税収増は900億円程度になる見込みだという。

一方で、自営業者やフリーランスは減税となる。その理由を税制改正大綱は「働き方の多様化を踏まえ、様々な形で働く人をあまねく応援する等の観点から」としているが、実際には自営業者やフリーランスの青色申告者は経費にかなり裁量の余地があるため、工夫すればけっこう減税できる。しかし、サラリーマンの場合は確定申告をしても普通は白色申告なので、裁量の余地は非常に少ない。

800万円でも900万円でもなく

さらに高校無償化との兼ね合いもある。

高校の授業料は現在、公立高校は年収約910万円未満の世帯で無料だが、授業料が高い私立高校は無料ではなく、生活保護世帯や住民税が非課税の世帯などには年額29万7000円の支援金が国から高校に支払われて授業料と相殺されている。さらに、自治体独自の助成もあり、たとえば東京都は2017年度から年収760万円未満の世帯に対し、国の支援金と合わせて同44万2000円まで助成している。

政府は私立高校に対する国の支援金を2020年度から拡充し、住民税の非課税世帯には年約39万円（私立高校の平均授業料）まで全額を支給して実質的に無償化し、年収約350万円未満の世帯には年35万円、年収約590万円未満の世帯には25万円まで支給する方針だという。

このサラリーマン増税案は23歳未満の子供がいる場合は対象外となるので、高校無償化の恩恵が受けられない上に増税までされるという〝二重苦〟の事態は避けられるようだが、そもそもなぜ「850万円」なのか？

新聞報道によれば、与党と官邸の意地の張り合いで800万円でも900万円でもなく、間を取って850万円になったという。しかし、そういう線引きは、「年収850万円」の人が得をして「851万円」の人が損をするわけで、理不尽極まりない。

また、日本の政治家や官僚は「年収850万円＝高所得」という認識のようだが、世界では今や年収850万円は決して高所得とは言えない。たとえば、グーグルやマイクロソフトのエンジニアの初任給は年収1700万～1800万円、インドの優秀なエンジニアの年収は約1500万円、アマゾンが計画している第二本社の新規採用5万人の年収は平均で約1

１３０万円、日本で大学新卒者を月給40万円で募集して話題になった中国のファーウェイ（華為技術）深圳《しんせん》本社の優秀なエンジニアの年収は約１０００万円だ。

しかも日本の場合、年収８５０万円でも税金や社会保険料などが差し引かれると、手取りは月に40万～50万円台になる。東京都内で４人家族が住める広さの住居だと住宅ローンの返済か家賃に20万円前後かかるから、他に食費や光熱費、水道・下水道料金、通信費、教育費などを払ったら、ほとんど余裕はなくなるだろう。年収８５０万円は、決して裕福ではないのである。

「他人の不幸」を喜ぶ空気も醸成

にもかかわらず、日経世論調査アーカイブによると、このサラリーマン増税案に対して賛成が55％（反対30％）と過半数を占めたという（２０１７年12月調査）。賛成と答えた人がどういう理由でそう判断したかはわからないが、今回の所得税増税の対象者は、前述したように約２３０万人で、給与所得者の４％だという。つまり、増税の対象から外れた96％の給与所得者の半数以上が増税に賛成していることになるわけで、これは究極のポピュリズム（大衆迎合主義）だ。今回、増税の不幸に遭わなかった人たちが他人の不幸を喜ぶ、という実に歪《いびつ》な構図である。

私は拙著『武器としての経済学』（小学館）で「資産家や金持ちが妬まれたり、憎まれたり、批判されたりする風土は最悪だと思う。実際、今はそうした空気が国内にあるから、彼らは海外へ逃避して財産を隠しているのだ」と指摘したが、今後も国内に居づらくなった金持ちが海外に出ていけば、さらに国は貧しくなるし、若者に「坂の上の雲」を目指すアンビション（大志）も育たない。富裕層を妬んだり憎んだりする〝負け犬根性〟の風潮が広がると、日本は狭量で嫌な社会になってしまう。

それに、今は年収850万円超がターゲットになっているが、7年連続で過去最高の当初予算（2019年度の一般会計の歳出総額は101兆4571億円）を組んで借金を増やし続けている政府が将来もっと税収が欲しいとなれば、ボーダーラインは800万円、700万円と下がっていく可能性も大いにある。〝他人の不幸〟を喜んでいる場合ではないだろう。

加えて、2018年から配偶者控除も年収要件が厳しくなった。給与所得者の合計所得金額が1000万円を超えると、配偶者控除の適用を受けることができなくなったのである。年収1000万円超で子供がいないサラリーマン世帯は「年収850万円超増税」と合わせて、二重の増税になるのだ。

さらに、年金受給者にも増税の波が襲いかかる。次項で引き続き安倍政権の〝酷税〟を論じる。

年金増税
不安をなくし、人生を謳歌するための税制にシフトせよ

前項では、年収850万円超のサラリーマンに対する増税の問題点を指摘したが、さらに年金受給者の公的年金等控除も減額（＝年金増税）となる。

その内容は、まず国民年金や厚生年金などの公的年金等控除額を一律10万円引き下げる（ただし、基礎控除が一律10万円引き上げられるのでプラスマイナスゼロ）。その上で、公的年金の収入金額が1000万円を超える場合の控除額に上限（195万5000円）を設け、公的年金以外の所得額が1000万円を超える場合はさらに控除額を引き下げる、というものだ。

私自身は今のところ年金以外の収入がそれなりにあるので、現在の〝雀の涙〟ほどの年金でも生活に不自由はないが、これまで多額の年金保険料や税金を納めてきたのに、政府の都合で一方的に控除額を減らされるのはやはり納得がいかない。

そもそも、厚生年金の保険料率は2004年の年金制度改正に基づいて、毎年引き上げられてきた。ようやく2017年9月の引き上げでストップし、今後は給料の18・3％で固定

されるが、重い年金保険料を負担し続けることに変わりはない。しかも、国民年金保険料は年々引き上げられている。それに加えて、今度は控除縮小による「年金増税」に手をつけるというのは、あまりに節操がなさすぎる。

また、この控除の減額は、高収入の年金受給者が対象だから自分には関係ないと思う人がいるかもしれないが、この調子でいけば、対象となる収入金額の基準が引き下げられていく可能性もあるだろう。

昔は金利が高かったから、そこそこ年金をもらえれば、預貯金や投資信託などの利息でそれなりに暮らしていけた。しかし、マイナス金利時代の今は、銀行の定期預金に１００万円を10年間預けておいても利息は１万円ほどしかつかない。悠々自適どころか、預貯金を取り崩して生活せざるを得ない状況になっている。

しかも、そのほかにも前項で述べたように国際観光旅客税（出国１回につき１０００円。２０１９年１月７日以後の出国に適用）や森林環境税（年額１０００円。２０２４年度から導入）が創設され、たばこ税も１本あたり３円増税（２０１８年度から３回に分けて１円ずつ引き上げる）される。要するにこの税制改正は、高給取りや喫煙者など、取りやすいところ（サイレント・マイノリティ）から取る姑息《こそく》な増税であり、国民には重税感だけがのしかかるのだ。

その結果、どうなるか？　消費意欲が冷え込み、人々はますます財布のヒモをきつく締めて節約に励むだろう。モノは売れず、市場はシュリンク（縮小）し、企業は海外に出ていくか国内で低迷して人件費を削減するだろう。こんな増税は景気を悪くするだけであり、100%間違っている。〝上から目線〟の重箱の隅をつつくような「マイクロ・マネージメント」で、サラリーマンや富裕層に厳罰を科すような税制は、いい加減にやめないといけない。

「増えない所得」に課税するな

政府がやるべきは、まず国民の間に蔓延《まんえん》している「将来への不安」という心理的バリアを取り除くことである。そして、人生をエンジョイできるような仕組みを整えることである。そのためには税制を根本から変えなければならない。

もはや日本は人口が増えないので人口ボーナスもなくなり、高成長は望めない。長引くデフレの中で、昇進も昇給もなく、高齢化が進んで社会保障負担が増える一方だ。そういう国では、「流れているお金＝フロー（収入）」に対して課税するのではなく、「貯まっているお金＝ストック（資産）」に対して課税するほうが理にかなっている。

また、フロー課税の場合、「いくら以上の収入があれば高所得」という恣意的な線引きをしなければならない。だが、ある所得額を超えると増税になり、それ以下は減税になるという税制は、納税者の間に必ず不公平を生む。収入が増えない日本のような国で税負担だけが重くなっていけば、あるいは重くなると心配する人が増えれば、早晩行き詰まるだろう。

だから、私が長年提唱しているように、所得税や法人税、相続税など既存の税金はすべて廃止し、預貯金や不動産などすべての資産に課税する「資産税」と、消費に応じて課税する

「付加価値税」の二つにシフトすべきなのである。

とくに資産税導入のメリットは大きい。まず、自分の資産を正確に把握することができて人生が見通せるようになるので、ある程度の資産を持っている人は将来への不安がなくなる。

相続税ゼロなら老後も充実する

さらに、資産に課税されるとなれば、不要な資産は売り払い、そのお金でもっと人生を謳《おう》歌《か》しようという気持ちになるはずだ。今は生前贈与ができるようになったが、それでも最終的に相続税がどれくらいかかるかよくわからないから、手元のお金も使うに使えないという状況になっている。しかし、資産税と付加価値税（消費税）だけにして、それ以外の税金をすべて廃止するとなれば、資産を貯め込むよりもキャッシュフローを増やして元気なうちにやりたいことをやらないと損だ、という発想になるだろう。

たとえば、イギリス、ドイツ、スイス、スウェーデンといった国の高齢者たちは、オーストラリアや東南アジアなどに移住し、貯金と年金を使って優雅なセカンドライフを満喫している。

日本が資産税を導入して国民の将来への不安を軽減するとともに、子孫に美田を残すよりも自分の人生を目一杯エンジョイしようという方向に心理を動かせば、日本の高齢者も暖かくて人件費が安いタイやマレーシアなどに移住して、24時間完全介護の施設を利用したりしながら、充実した老後を送る人が増えるはずだ。

また、政府主導の教育無償化は、単に税金を使って能力の低い学生を量産するだけで、なんのプラスにもならない。それなら、高校までの学費はクーポン制にして、国公立でも私立の学校でも海外留学でも、本人が希望する教育をどこでも自由に受けられるようにすべきである。そうすれば、学習意欲も高まるし、もっとましな子供が育つと思う。

一方、大学は社会に出て役に立つスキル（＝稼ぐ力）を磨く場だから、原則として学生が自己負担で学ぶ。シングルマザーなどの収入が少ない家庭は税金で教育費を補助すればよい。

そういう大胆な変革をしない安倍政権の「マイクロ・マネージメント」によるちまちました増税路線は、国民心理をますます冷却して景気を悪化させるだけである。国民の生活実態や将来への不安を微塵《みじん》もわかっていない安倍政権には、一刻も早く「ＮＯ」を突きつけないと、この国はずるずると没落していく一方だ。

ふるさと納税

神聖なる税配分を歪め、セコい日本人を生む制度は即刻廃止せよ

「ふるさと納税制度」の見直しをめぐる動揺が続いている。その発端は、過熱する返礼品競争を問題視した総務省が、２０１８年９月に返礼品を「調達価格が寄付額の３割以下」の

「地場産品」に限るよう求める通知を各自治体に出し、通知を受け入れない自治体は制度の対象から外す方針を示したこと。これに対し、自治体や消費者から賛否両論が巻き起こった。

たとえば、調達価格が高い地場産品以外の返礼品を取り揃え、２０１８年度の寄付額で全国トップの約４９７億円を集めた大阪府泉佐野市は、総務省の見直し要求を「なぜ３割なのか明確な根拠がなく、何をもって地場産品とするのか曖昧だ。一方的な条件を押しつけている」と反発。制度の対象から外されたため「除外は無効」として総務省と争い、同省の第三者機関・国地方係争処理委員会が２０１９年９月、石田真敏《まさとし》総務相に除外の内容を見直すように勧告した。

また、時事通信が２０１８年10月に実施した世論調査によると、「返礼品は自治体の裁量に任せればよく、制度を見直す必要はない」という回答が46・８％で最も多く、「制度を見直し、国が返礼品を規制すべきだ」は31・９％、「制度は廃止すべきだ」は13・８％だった。

世論調査では少数派だが、私は当初からふるさと納税制度は即刻廃止すべきだと主張してきた。なぜなら、雑誌連載や単行本などでたびたび批判してきたように、この制度は〝さもしくてセコい日本人〟を生む歪《ゆが》んだ制度だからである。

地方にお金が回る新たな仕組み

そもそも、ふるさと納税制度はコンセプトそのものが間違っている。総務省のＨＰによれば、地方で生まれ育った人たちが進学や就職を機に都会に生活の場を移し、そこで納税を行なっているが、その結果、都会の自治体に税金が集まって地方の自治体には税金が入らないから、都会に住んでいても「ふるさと」に自分の意思で納税できる制度があってもよいのではないか、ということで創設された。

しかし、これは政治家と役人の究極の責任回避である。税金の配分は、政治および行政において最も神聖なものであるべきだ。配分の基準は極めて厳格でなければならないのに、それをトトカルチョのような感覚でゲーム化してしまった。その結果、牛肉やカニ、コメ、家電製品などの返礼品競争が目に余る状況になって混乱しているわけで、寄付額に対する返礼品の調達価格の割合を抑えたり、返礼品を地場産品に限定したりすればよいというものではない。しかも、寄付の対象となる自治体は自分の生まれ故郷に限らず、全国どこの自治体でもかまわないというのだから、何が目的なのか全く理解不能である。

総務省は、安倍政権の〝実力者〟である菅義偉《すがよしひで》官房長官が総務相時代の2007年に創設を表明した制度だから廃止しづらいのかもしれないが、もはや存続させる意味はない。私はイカサマなふるさと納税制度を廃止する代わりに、地方にお金が回る新たな仕組みを作るべきだと思う。

たとえば、すでに各自治体で様々な取り組みがなされているが、「ふるさとクラウドファンディング(※)」という形がある。つまり、各自治体が活性化を図るプロジェクトの具体的な計画を発表し、クラウドファンディングで寄付を募るのだ。ただし、ふるさと納税とは異なり、返礼品のない純粋な「寄付」である。したがって所得税と住民税の両方から寄付額を控除するのではなく、他の寄付と同様に所得や所得税からだけ控除する。

そして、それに応じてくれた人へのお礼は、完成したプロジェクトを実際に見に来てもらうことだ。現地での宿泊費を自治体が負担したり、旅費交通費を所得税から控除したりしてもよいと思う。あるいは、プロジェクトの場所で大理石に寄付者の名前を刻むといった方法もあるだろう。

※クラウドファンディング／「群衆（Crowd）」と「資金調達（Funding）」を組み合わせた造語。インターネットを通じて不特定多数の人に資金提供を呼びかけ、趣旨に賛同した人から資金を集める方法。

世界の人々を支援できる制度も

そもそも日本人は、自分たちが納めている税金の価値と使途に無関心すぎる。

たとえば、２０１７年度の国の一般会計税収総額は58兆７８７４億円で前年度比３兆３１８８億円増となったが、３兆円あればアメリカの金利上昇に伴う通貨下落や資金流出に苦しむアルゼンチンを救うことができる。ＩＭＦ（国際通貨基金）のアルゼンチンに対する金融支援は、３年間で５００億ドル（当時のレートで約５・６兆円）規模だからである。もし日本がアルゼンチンに３兆円を支援したら、22世紀まで感謝されるに違いない。

あるいは、パレスチナ問題。テルアビブからエルサレムへの大使館移転などイスラエルへの肩入れを強めているアメリカのトランプ政権は、２０１８年にＵＮＲＷＡ（国連パレスチナ難民救済事業機関）に対する支援を全面的に打ち切ることを発表した。

その前年の２０１７年の拠出金額は約３億６０００万ドル（約４０５億円）だが、これを日本が肩代わりすれば、パレスチナ難民への支援を現在のまま継続し、ＰＬＯ（パレスチナ解放機構）の過激化に歯止めをかけることができるだろう。イスラエルも、自分たちが安全になるのだから文句は言わないはずである。

たとえば、２０１７年度のふるさと納税受入額は約３６５３億円に達している。その９分の１でパレスチナ難民を助けることができるのだ。日本人はそれだけの経済力があるのだから、世界のニュースを見ながら、自分たちが納めている税金の価値と使途を〝地球村の住人〟として、常に考えてほしいのである。

そして政府も、国民が返礼品目当てに寄付する制度ではなく、世界の貧しい国々や内戦・圧政などで苦しんでいる人々を支援できる制度を作るべきだと思う。それは内向き・下向き・後ろ向きになった日本人の目やマインドを世界に向けることにもつながるはずだ。

さらに言えば、ＡＩやビッグデータを活用することにより、これまでの累積で、ある金額以上の税金を納めた国民には、それ以降支払う税金の〝使い道〟を指定できるようにしてはどうだろう。私はふるさと納税などしたことがないが、もし自分で税金の使い道を国際的な支援に指定できるのであれば、喜んで寄付したいと思う。

とにもかくにも、自分の損得しか考えない、さもしくてセコい日本人を増やす意味不明の政策を継続することは、絶対に御免こうむりたいものである。

働き方改革

生産性を上げるべき時に新たな間接業務を増やしてどうする

２０１９年４月１日から「働き方改革関連法」が順次施行された。その概要は、以下の通りである。

【時間外労働の上限規制】 残業時間の上限は、原則として月45時間・年３６０時間。臨時的な特別の事情があって労使が合意する場合でも、年７２０時間以内、複数月平均80時間以内（休日労働を含む）、月１００時間未満（同）。原則である月45時間を超えることができるのは、年間６か月まで。

【年次有給休暇（年休）の取得義務化】 使用者は、法定の年次有給休暇付与日数が10日以上の全労働者に対し、「労働者自らの請求・取得」「計画年休」「使用者による時季指定」のいずれかの方法で、年５日以上の年休を取得させる必要がある。

【同一労働同一賃金】 同一企業内における正規雇用労働者と非正規雇用労働者との間の不合理な待遇差を禁止。職務内容（業務の内容＋責任の程度）と職務内容・配置の変更の範囲が同じ場合、基本給や賞与などの待遇について同じ取り扱いをしなければならない。

この働き方改革について、私は法案の国会審議中から連載や著書などで「政府が〝上から目線〟で規制するのは的外れ」「企業経営に対する冒瀆《ぼうとく》であり、無知・無理解の証左」「非正規雇用を拡大して伸縮自在の柔軟な雇用形態を認めるべき」「日本を１００％間違った方向に向かわせる」「同一労働同一賃金ではなく、同一生産性同一賃金にすべき」「効率の悪い人材の温存につながる」などと繰り返し批判してきた。しかし結局、そういうお粗末な法律が施行されてしまったわけで、これは日本企業と日本経済にとって大きなマイナス要因となるだろう。

仕事の「外形」を変えようとするだけ

そもそも、政府は働き方改革で何をやりたいのか？　厚生労働省のＨＰによれば、「投資やイノベーションによる生産性向上とともに、就業機会の拡大や意欲・能力を存分に発揮できる環境を作ること」だという。たしかに日本の場合、先進国の中で唯一、20年以上にわたって実質賃金が上がっていないので、この問題を解決するためには生産性を向上させなければならない。

ただし、その最大の原因は間接業務のホワイトカラーの生産性が向上していないことである。日本の製造業は円高が進んだ１９８０年代に生産性を上げて競争力を維持するため、機械化・自動化を推し進めるとともに工場を海外に移した。だから日本企業のブルーカラーの生産性は、海外の企業と比べても全く遜色《そんしょく》がなくなっている。

一方、ホワイトカラーの仕事のやり方は全く改善していない。ホワイトカラーの仕事には定型業務と非定型業務があり、海外の企業は定型業務のアウトソーシングやＩＴ化によってホワイトカラーの生産性を上げてきた。しかし、大半の日本企業は定型業務と非定型業務が霜降り肉のようにないまぜになっていて定型業務を標準化していないため、アウトソーシングもＩＴ化もできないでいる。

また、そもそも仕事のやり方が旧態依然である。たとえば、今や会議はネットを使えば世界中どこにいても参加できるのに、わざわざ支店や営業所から本社に呼び集めている。そうした従来の仕事のやり方そのものを変えずに一部だけアウトソーシングやＩＴ化を行なっても、生産性は上がらない。

仕事のやり方を本質的に変えるためには、ホワイトカラーの仕事に「キー・パフォーマンス・インジケーター（ＫＰＩ＝重要業績評価指標※）」を策定し、それに基づいて定型業務の人員を大幅に削減しなければならない。そして、削減した人たちは営業、販売、商品開発などに移すか、極端に評価が低い場合は退社してもらう。そのような働き方改革を推し進めないと生産性は上がらないし、結果的に賃金も上がらないのである。

ところが、政府がやろうとしている「時間外労働の上限規制」「年次有給休暇の取得義務化」「同一労働同一賃金」という働き方改革は、仕事の「内容」ではなく「外形」を変えようとしているだけであり、完全にポイントがずれている。しかも、すでに企業の人事労務部門をはじめとする従業員は労働時間の管理などのために、新たな間接業務が増えている。また、中小企業庁の調査によると、大企業の働き方改革対応で、下請けの中小企業がシワ寄せを受けるケースが増えているという。これでは本末転倒というか、明治時代に逆戻りだ。働き方改革は実際には〝働き方改悪〟であり、まさに噴飯ものである。

※キー・パフォーマンス・インジケーター／目標に対する到達度を測定する指標。プロジェクトや従業員のパフォーマンスを評価する際に用いる。

国家的規模の壮大な無駄

世界を見ると、仕事のやり方は劇的に変わっている。

たとえば、アメリカの製薬会社イーライリリーや一般消費財メーカーP&G（プロクター・アンド・ギャンブル）などは、研究開発の半分くらいをアウトソーシングしている。あるいは、営業はCRM（顧客管理）やSFA（営業支援）のセールスフォース・ドットコム、出張・経費管理はコンカーなどのクラウドシステムを活用することで、大々的に効率化＝人員削減することができる。

また、日本企業の場合は、ピラミッド組織の中で中間管理職が経営陣と営業や商品開発などの現場の間の単なる〝メッセンジャー〟になっているが、これは全く必要ない。中間管理職の仕事の多くはAIで代用できるし、何か問題があったら経営陣と現場の人たちが直接話し合えばよい。中間管理職は現場に出て、知識と経験を生かして新しい商品を生み出したり、営業成績を劇的に改善する見本を示したりすべきである。

年次有給休暇の義務化に至っては開いた口がふさがらない。私自身、年休という概念はない。マッキンゼー時代も、若い社員に対しては「休みは自由に取りたいだけ取れ。その代わり、年休を超えた部分については給料を日数計算で減らす」という制度にしていた。ましてや今はスマートフォン（スマホ）やパソコンがあれば世界のどこにいても仕事ができるのだから、好きな時に好きなだけ休めばよいのである。

そもそも日本は国の祝日が年間16日（2019年は新天皇の即位に伴い17日）と先進国の中で最も多い。にもかかわらず、さらに年休の取得を法律で義務化するというのは、あまりにもバカげている。自分の人生は自分で支配すべきであり、会社や他人、ましてや国に指図されることではない。

要するに、安倍政権の働き方改革なるものは、いっそう日本を衰退させる壮大な無駄であり、幼稚な愚策の極みなのである。それは、〝失われた30年〟の集大成と言ってよい。

未来投資会議

「アベノミクスの牽引役」は無駄な政策にいくら税金を積むのか

安倍晋三首相の経済政策「アベノミクス」は、全く成果がないまま、7年が過ぎようとしている。その中で政府が「３本の矢」の第３の矢「民間投資を喚起する成長戦略」を実現するための司令塔として開催しているのが、「未来投資会議」だ。

だが、マスコミも含めて、この会議に対する世の中の盛り上がりはゼロである。たとえば、同会議での議題は「地銀・乗合バス等の経営統合・共同経営」（２０１９年４月）、「全世代型社会保障における高齢者雇用促進及び中途採用・経験者採用促進」（同年５月）といったように〝未来投資〟とはかけ離れたものだ。会議後の記者会見・質疑応答は前者が９分間、後者が７分間という短さで、それを受けての報道も少なく、なおざりの感は否めない。

安倍政権は、過去最大の１０１兆円を超える予算を組み、それを支えるために日本銀行が国債を買いまくって、本来は〝禁じ手〟である「財政ファイナンス」（中央銀行が政府の発行する国債などを直接引き受けること）を続けている。だが、それでやっているのは、成長につながるとは思えない無駄な政策ばかりである。つまり「未来への投資」ではなく、「未来からカネを借りてきて浪費」しているだけなのだ。

なぜ、こんなにお粗末な状況になっているのか？　原因は三つある。

一つ目は政治家の劣化だ。小選挙区制になって小粒化し、外交や国全体の産業政策を担う、あるいは関心を持つ人材がいなくなってしまった。

二つ目は役人の劣化である。かつては欧米をモデルにしながら産業政策、福祉政策、教育政策などを主導していたが、19～20世紀の古いシステムと規制を墨守し、あまりにも歪みが大きくなったら少しだけ穴を開けたり「○○特区」のような例外を作ったりしているだけなので、21世紀の世界の変化や新しい流れについていけなくなっている。

そして三つ目は未来投資会議のような有識者の諮問会議である。だが、それらの「有識者」の多くは、政府に近い大学教授や財界の幹部などだ。国家の重要政策を左右する組織に片手間の学者や片手間の経営者を使うのはやめてもらいたい。

世界から取り残される日本

実際、時間と税金を浪費する中で、日本はどんどん世界から取り残されている。その典型は医療制度だ。

未来投資会議では健康・医療・介護サービスをテーマにした議論も行なわれているが、中身はマイナンバーカードを健康保険証として利用できる「オンライン資格確認」の本格運用を２０２０年度に開始する、といった時代遅れのことばかりだ。

一方、お隣の中国では今、凄まじい医療デジタル改革が進行中である。症例やレントゲン、ＣＴ、ＭＲＩの画像などをビッグデータ化し、ＡＩを駆使することによって、スマートフォンやパソコンでの「オンライン診療（遠隔診療）」が当たり前になっているのだ。日本でも２０１８年からビデオ通話を用いたオンライン診療が可能になったが、対面診療と組み合わせることなどの条件があるため、普及は遅々としている。

また、アメリカでは異なる医療機関や検査機関で別々に管理されている個人の医療情報（電子カルテ）を相互活用できるようにする「ＥＨＲ（電子健康記録）システム」が推進されていて、プラクティス・フュージョン社などが無料のクラウド型ＥＨＲシステムを中小病院に提供し、患者も自分のカルテをスマホやパソコンで見ることができるようになっている。だが、日本の病院の場合、建前では「カルテは患者のもの」と言いながら、実際は患者に開示してはくれない。カルテの形式をどうするかも長年議論しているが、最終的なものは決まっていない。

あるいは、インドネシアの配車サービス会社ゴジェック。２０１０年設立の同社はバイクと車のタクシーで人を運ぶだけでなく、荷物や書類や料理のデリバリー、買い物代行、マッサージ師やヘアケア・ネイルケアの専門家を派遣するといった〝便利屋サービス〟をスマホアプリで展開し、ベトナムやシンガポールにも進出してユニコーン（企業価値が10億ドル以上の非上場企業）の10倍の「デカコーン」になっている。

そういう事業は本来、日本でも簡単にやれてよいはずだ。しかし、日本は規制があって難しい。料金をもらって車で人（旅客）を運ぶ場合は二種免許が必要だし、バイク（１２５cc以上）で荷物や書類や料理を運ぶなら貨物軽自動車運送の許可を得なければならない。

縦のものを横にする時代

いま世界で勃興しているデジタル時代の新しいサービスの大半は、アナログ時代の縦方向の法律、規制、業界秩序などをすべて取っ払い、横方向につなげないとできない。だが、日本の役所にはその発想がなく、相変わらず（自分たちの組織と同じ）縦方向の許認可システムで既存業界の保護を続けている。

金融サービスにしても、21世紀のデジタル時代はルーターで世界中とつながる時代であり、「ローカル＝グローバル」だ。それは国民国家の枠組みをも超越する。だから、中国のアント・フィナンシャルはモバイルＱＲ決済サービスの「アリペイ（Alipay＝支付宝）」と信用評価システムの「ゴマ・クレジット（芝麻信用）」で一気に中国国民の個人情報を掌握したのである。

ところが日本は、未来投資会議の議題を見ればわかるように、地銀をどう守るかに汲々《きゅうきゅう》としている。しかし、ローカル＝グローバルの時代は世界最強の銀行が一つあれば事足りるので、地銀は存在理由がない。そもそもアベノミクスの中心的な政策であるゼロ金利の中では、銀行そのものが生存できない。

20世紀は現場ベースの連続的な社会変化の時代だった。しかし、21世紀はサイバーベースの不連続なデジタル・ディスラプション（デジタル技術による破壊的イノベーション）時代である。そこで優先されるべきは「グローバル最適化」であり、生活者、消費者、患者、受益者の立場から見て不要な規制は、すべからく廃止すべきなのである。

そのためには、いわば「縦のものを横にする」発想が必要だ。たとえば農業は農協の組合組織を株式会社化し、意思決定ができるようにしなければ生き残れない。金融サービスは、全銀システム（※）を経由しなくても、ブロックチェーンを用いれば安全な決済が世界中とできる時代である。21世紀対応のサービスとシステムを構築できるように、その障害となるすべての法律を書き換え、すべての既得権益を排除しなければならないのだ。それを理解できないどころか、20世紀の古いシステムの延命を職務と考えている政治家、役人、有識者などに、未来を語る資格はないのである。

※全銀システム／全国銀行データ通信システム。決済業務の中核を担うオンラインのデータ通信システムで、日本のほとんどの預金取扱金融機関が参加しており、そのコストは預金者の手数料によって賄われている。

70歳雇用義務付け
“終身雇用”の押しつけは日本企業をますます衰退させる

「未来投資会議」では、その後も耳を疑うような愚策が報じられている。政府が同会議で「70歳までの就業機会の確保」を企業の努力義務にする方針を打ち出したのである。

その内容は、①定年廃止、②70歳までの定年延長、③継続雇用制度導入（子会社・関連会社での継続雇用を含む）、④他企業（子会社・関連会社以外の企業）への再就職の実現、⑤フリーランスで働くための資金提供、⑥起業支援、⑦社会貢献活動参加への資金提供――の七つの選択肢を設定し、どれを採用するかは労使で話し合う、というもの。厚生労働相の諮問機関・労働政策審議会の審議を経て、２０２０年の通常国会での法案提出を目指すという。

まさに安倍政権お得意の、重箱の隅をつつく「マイクロ・マネージメント」の典型である。なぜ、こんなバカげた議論をしているのか？　理由は明白だ。「人生１００年時代」を迎え、年金受給開始年齢の70歳への引き上げが不可避だから（政府は年金支給開始年齢の引き上げは行なわないとしているが）、それまで働かせようというのである。

だが世界の潮流を見ると、先進国の企業は固定的な社員を減らす方向に行っている。逆に、文字通り〝終身雇用〟となるような社員を増やそうと考えている企業は寡聞《かぶん》にして知らない。ましてやそれを「義務化」しようとする国など、世界広しといえども見当たらない。

その代わりに拡大しているのが、ネットを介して不特定多数の人に業務を委託する「クラウドソーシング」だ。日本ではクラウドワークスやランサーズ、世界ではアップワークやフリーランサーなどがあり、システム開発、ライティング、翻訳、デザイン、写真といった専門分野別に大勢のワーカーが登録している。今や世界ではそれらの人々を活用するのが当たり前で、アップワークやベラルーシのＥＰＡＭ《イーパム》などは、ＧＡＦＡ《ガーファ》（Google, Amazon, Facebook, Apple）のような巨大ＩＴ企業のシステム設計まで請け負っている。

日本企業に向けて「手足を縛って死ね」

拙著『個人が企業を強くする』（小学館）で詳述したように、クラウドソーシングの利点は、社員よりも専門的な能力を磨いている「個人」が、その能力を従来の外注業者より大幅に早く安く、企業の必要に応じて提供してくれることだ。仕事の質や納期、コストなどに関する評価システムも出来上がっている。一方、社員の的確な能力査定ができている日本企業は少ない。それならクラウドソーシングが可能な業務はすべて委託し、社員をできるだけ減らしたほうがよいに決まっている。

クラウドソーシングには、個人が企業に搾取される懸念もある。それを防ぐための仕組みは必要だが、能力がある人材はおのずと報酬が上がっていく。逆に、一定の給料が保証された社員にしてしまうと、能力を磨くことを怠り、生産性やプロフェッショナルとしての忠誠心が落ちる可能性が高いという弊害がある。

今やネット社会では、世界中から欲しいものを安く簡単に手に入れることができるようになっている。たとえば、ソーシャルショッピングサイトのバイマ（ＢＵＹＭＡ）は、海外在住の10万人を超えるパーソナルショッパー（購買代行者）から有名ブランド品を「現地価格＋消費税＋決済システム利用料（商品価格の５・４％）＋送料」で購入できる。それと同じように、クラウドソーシングを活用すれば、企業の業務においてグローバル水準の最適な能力を利用することができるのだ。

そういう時代に完全に逆行して社員を固定化し、能力や成果に関係なく雇用させようとしているのが安倍政権だ。これは日本企業に「手足を縛って死ね」と言っているようなものであり、なぜそんなことをするのか、なぜ経済界が反発しないのか（面従腹背だろうが）、私には全く理解できない。

「高プロ」全国でただ1人の衝撃

また、「働き方改革関連法」は、すでに様々な業界・企業で多くの波紋を呼んでいる。
たとえば、共同通信社と時事通信社は、これまで原則午前0時だった「首相動静」の加盟各社に対する最終配信時間を、首相番記者の働き方改革で2019年4月から午後10時に前倒しした。NHKは、制作現場の負担を軽減するため、現在週6日（月〜土）の「朝ドラ」（連続テレビ小説）の新作放送日を、2020年春から週5日（月〜金）に短縮するという。私が毎日楽しみにしているBS1の「世界の放送局」という番組も、午前4時からの放送が5時スタートになってしまった。新聞の休刊日もどんどん増えて、ネットに依存せざるを得なくなっている。

その一方で、中小企業庁の調査によれば、大企業の残業時間削減のシワ寄せで下請け中小企業の6割が納期の短縮を求められ、7割で繁忙期が発生し、それが長時間労働につながっている。日本企業の99・7％を占める中小企業にとって、働き方改革は「百害あって一利なし」なのだ。

さらに、国会で与野党が侃々諤々《かんかんがくがく》の議論を繰り広げた「高度プロフェッショナル（高プロ）制度」（※）も、蓋《ふた》を開けてみれば2019年4月の導入から1か月で適用を受けた労働者は全国でたったの「1人」だった。

また、産経新聞（同年5月5日付）によると、主要企業116社へのアンケートで高プロを「導入する」と答えた企業はわずか1％。今後も導入企業が大きく増えるとは思えないから、莫大な費用（税金）と人的資源、時間をかけて決められたことがほとんど無意味だったということになる。高プロ制度は〝世紀の大失策〟として歴史に残るのではないだろうか。

※高度プロフェッショナル制度／高収入の専門職を労働時間規制の対象から除外する仕組み。年収1075万円以上のアナリストやコンサルタントなどが対象。労働基準法に定められた労働時間、休憩、休日および深夜の割増賃金に関する規定が適用されない。

国会議員と役人こそ働き方を変えよ

だが、これは当然の帰結である。なぜなら、大企業の場合、高プロの対象になるような専門性が高い仕事の多くは外に出しているからだ。

たとえば、大手広告代理店のクリエイティブ業務やテレビ局の番組制作業務である。データを大量に収集・分析しながら地を這《は》うように長時間働かなければならない戦略企画や事業計画を立案する仕事も、多くの企業がコンサルティング会社に〝丸投げ〟している。

つまり、日本の大企業の中に高プロはほとんどいないし、いたとしても正直に制度の適用を受けるわけにはいかないのである。また、中小企業が大企業並みの働き方改革を強いられて残業時間を削減したら、たちまち日本経済は立ち行かなくなってしまうだろう。

そうした企業の仕事の現実を知らない国会議員たちが、企業経営に疎い学者たちに諮問して的外れな議論を続け、結果、歳費や文書通信交通滞在費、秘書雇用手当などを含めると1

人あたり年間1億円を超える税金を費消しながら、役人を使って日本企業の競争力を弱める余計な規制を次々に作っている。こんな無為無能な人たちに、存在意義があるとは思えない。

いま本当に働き方改革が必要なのは国会議員と役人である。彼らを大幅に削減して国家運営の仕組みを根本的に変えなければ、この国は中央から腐り、企業が衰退し、国民が貧しくなっていくばかりなのだ。安倍長期政権がやってきたのは、大きな方向転換や組織改革ではなく、ちまちました細かなルールをそこいら中に作り込むことであり、その結果、すべての人、企業、地方から自由な発想と大胆な行動を奪い取ってしまったのである。

最低賃金引き上げ

国主導の賃上げ&全国一律化で「地方」と「雇用」が壊される

安倍政権の2019年「骨太の方針」の柱の一つが最低賃金の引き上げだ。全国平均の時給1000円を目標にするとして、厚生労働省は2019年度の最低賃金の目安額を901円に引き上げた（ちなみに、立憲民主党の参院選公約の目玉は最低賃金1300円、共産党や社民党、れいわ新選組は同1500円を目指すとしている）。

都道府県によって異なる最低賃金は、2016年から3年連続で約3%ずつ上がり、20

19年7月現在で最も高いのが東京都の985円、最も低いのが鹿児島県の761円、全国加重平均額が874円だ。一部の職種を「全国一律」にしようという動きもある。

最低賃金の引き上げを推し進める政府の方針に対し、日本商工会議所は「大幅な引き上げは中小企業の経営を直撃し、事業の存続を危うくする」と反対を表明したが、これは当然だ。地方には人件費が安いから成り立っている企業が少なくない。もし、最低賃金が1000円や全国一律になったら、立ち行かなくなる企業が続出するだろう。

とはいえ、最低賃金の引き上げは諸外国でも実施されている。これは一見、国民生活を支え、票につながるから政治的には正しいように思えるが、政策としては間違っている。人件費の上昇で経営が苦しくなった企業が雇用を減らし、失業率が上がりかねないからだ。

すでに日本ではパート・アルバイトの時給が全国平均で1000円を突破して頭打ち感が出てきたと報じられたが、それは普通の正社員の給与を超えるようになっているためだ。時給1000円なら1日8時間・1か月22日間働くと、給料は月18万円弱になる。

一方、正社員であっても賃金が安い業界や職種では、月給16万円程度のところも珍しくない。日本の場合は正社員の月給が極端に低く抑えられているのだ。

その理由は、これまで日本企業は終身雇用・年功序列を前提とした給与体系で、最初のうちは給与を低くして年齢や役職が上がるにつれて徐々に高くしていたからだが、今やほとんどすべての企業は終身雇用・年功序列が崩壊しつつある。にもかかわらず、未だにその理屈が給与を低く抑えるために使われているのだ。

ソニーAI人材の年収金額に唖然

しかし、世界的に見れば、能力スペック別の採用が広がりつつある。たとえば、医療情報専門サイト「m3.com《エムスリードットコム》」などを運営するエムスリーの谷村格《いたる》社長によれば、同社は一律の条件で採用するのではなく、能力スペック別に採用している。その結果、システム開発部隊のリーダーはカナダ人になり、メンバーに日本人はいなくなったそうだ。

また、日本最大級のクラウドソーシングサイトを運営するクラウドワークスの吉田浩一郎社長によると、最先端のコンピューター言語が使え、システム開発プロジェクトで何十人もの精鋭部隊をマネージできる人材の給与は、そのプロジェクト期間中のテンポラリー（一時的）な雇用でありながら、年収に換算して「億円」単位だという。つまり、世界に通用する能力があれば、世界のどこに住んでいても、正社員にならなくても、世界水準の給与を得ることができる時代なのである。

実際、日本のグローバル企業は、給与を世界水準に近づけなければ、優秀な人材を採れなくなっている。だから、たとえば「ユニクロ」や「GU」を展開するファーストリテイリングは、国内外への転勤がある「グローバルリーダー社員」の初任給を2020年春から今より2割引き上げる（それでもまだ25万5000円だが）。回転ずしチェーンのくら寿司は、初年度から年収が1000万円の経営戦略部メンバーの新卒者を国籍不問で10人募集し、話題になった。

ソニーも、２０１９年春の新入社員の給与を７月から大卒で２万円増の月25万円、大学院修了で１万５０００円増の月28万円に引き上げ、とくにＡＩなどの先端領域で高い能力を持つ人材については２０１９年度から年収を現在の約５６０万円から最高で７３０万円に引き上げたという。

しかし、この報道に私は唖然《あぜん》とした。なぜなら、これはソニーが未だにグローバル給与システムを作っていなかったということだからである。しかも、年収７３０万円では世界的に見て優秀なＡＩ人材は採用できない。最低でも１５００万円は必要だ。日本を代表するグローバル企業のソニーがそういう内向きでお粗末な状況で競争力を維持できるのか、甚だ疑問である。

それと同様、安倍政権の最低賃金引き上げも、世界の潮流や企業経営の実態を知らない政治家や官僚による日本の中しか見ていない内向きな議論なのである。

地方だからこそ生まれた世界企業

最低賃金を全国一律にするというのも「百害あって一利なし」だ。私は以前、九州でネットスーパー事業を展開するエブリデイ・ドット・コムを経営していたが、地方では賃金が安くても生活費も安いから、十分暮らしていける。たとえば、賃貸物件で最も高額な駅前新築マンションの２ＬＤＫが月５万５０００円だった。

賃金や土地が安いから雇用が生まれて地方が発展し、立地した企業が斬新なビジネスを展開することもできる。その典型は「ＺＡＲＡ《ザラ》」「Ｂｅｒｓｈｋａ《ベルシュカ》」などを世界中で展開するアパレル企業インディテックスだ。同社はスペインのガリシア州ア・コルーニャ県という片田舎の創業地に今も本社を置き、大量の雇用を創出して地域の発展に寄与している。世界的なアパレル企業がこの地で成長したのは、ＥＵの中でもとくに賃金が安かったからだ。

ドイツ経済もそうだ。地方自治が確立していて日本のような中央政府からの補助金や地方交付税交付金は原則禁止されているため、失業率が上がって賃金が安くなった地域に次第に企業が移っていく。その結果、アダム・スミスの「神の見えざる手」が働き、日本で言うところの「国土の均衡ある発展」が可能になっているのだ。

一方、日本は古い中央集権の政府がすべてを差配し、補助金や地方交付税交付金などをバラ撒いているから、地方がそれに依存して自助努力をしなくなっている。この状態で最低賃金を１０００円に上げたら、前述したように地方の企業は苦境に陥る。私が経営者だったら、地方にいる意味がなくなるので、さっさと東京などの大都市周辺に会社を移す。最低賃金に大した差がなければ、企業は人口が多くて便利なところに立地するに決まっている。そうなれば、ますます地方経済は疲弊・衰退するだろう。

安倍政権は地方創生と言いながら担当大臣まで設けているが、やっていることは全く支離滅裂だ。労働者＝有権者を支援するように見せかけて、実際は無知なために地方経済と雇用を破壊しようとしているのだ。

官製春闘
政府・経団連「賃上げ一律3%」の大合唱は時代遅れの象徴

２０１９年、それまで5年続いていた「官製春闘」から離脱する動きが始まった。前年に経団連会長に就任した中西宏明《ひろあき》氏（日立製作所会長）が「官製春闘はナンセンス」と発言し、政府主導の賃上げに疑問を表明したことがきっかけだった。中西会長の考え方は、至極まっとうなものであり、経営者として当然の判断だと思う。

前任者の榊原定征《さかきばらさだゆき》氏（東レ前会長）が２０１８年春闘で、安倍首相から「３％の賃上げが実現するよう期待したい」と言われ、それに呼応するように、「３％の賃上げという社会的期待を意識した上で、従来より踏み込む」と述べたのとは対照的だ。この時は、労働組合の連合も、定期昇給を含めて「４％程度」の賃上げを求めている。まさに政府主導の予定調和であり、私にはさっぱり理解できない光景だった。その中で、金属労協の高倉明議長が「労働条件はそれぞれの労使が主体的に判断するものであり、政府が不当に介入することは絶対に避けるべきだ」と官製春闘を批判したと報じられたが、これはけだし正論である。そもそも「一律の賃上げ」自体が昭和の発想であり、完全に時代遅れである。

安倍首相はまた働き方改革の議論の中で、「同一労働同一賃金」を実現すると声高に叫んでいたが、これも間違いだ。仕事の質や成果、地域差に関係なく「同一労働同一賃金」と言われたら生産性は下がる一方で、企業は賃金が安い国に出て行くしかないので、国内雇用が減るだけである。それを言うなら、正規であれ非正規であれ「同一生産性同一賃金」「同一成果同一賃金」にすべきである。そして、高い生産性・高い成果を上げる社員に対しては、3％などという微々たる賃上げではなく、給料を2倍、3倍にしなければならない。

本来なら、経団連に加盟している企業は日本の大手優良企業であり、好業績を続けているところも多いのだから、経営陣が率先して高額報酬をもらい、優秀な社員の給料も大幅に引き上げていくべきなのだ。ところが実際は、役員報酬が年間1億円以上になると個別開示が義務付けられているせいか、大半の経営者は年収1億円未満である（※）。

しかし、世界標準では、大手優良企業の役員報酬は「10億円以上」が当たり前であり、1億円以上の報酬を得ている役員が数百人単位でいる企業も少なくない。日本は高額な役員報酬をもらうとマスコミなどに批判されるため、共産主義国かと見紛うほどの悪しき平等主義に陥っているのだ。

※東京商工リサーチの調査（上場企業2400社が対象）によると、2019年3月期決算で役員報酬1億円以上を得ている役員を個別開示した上場企業は275社で、その人数は564人。

経済を動かすルールが一変

技術者に関しても、ＩＣＴ（情報通信技術）の優秀な人材は初任給がすでに年収１０００万円を超えている。問題は、日本には同一成果どころか同一労働とさえ言えるレベルのＩＣＴ技術者が極めて少ない、ということである。未だに大量生産・大量消費時代の給与所得を巡る議論を繰り返している政治家と、それに迎合している経営者たちの感覚は、完全に麻痺している。

人権に関わるブラック企業の問題を除けば、いつからどのように賃金や労働条件を変えるかといった問題は、各企業が業績や事業計画、世界戦略などに基づいて自分たちで決めればよいことだ。それを政府が箸の上げ下げまで「マイクロ・マネージメント」でちまちまと指図するのは、企業をますます弱体化させるだけである。

20世紀と21世紀では、経済を動かす根本的なルールが一変した。私が『新・資本論』（東洋経済新報社）で書いたように、21世紀の「見えない大陸」の経済原則は、実体経済の空間に加えて、サイバー経済の空間、ボーダレス経済の空間、マルチプル経済の空間という四つの要素で成り立ち、富はプラットフォーム（共通な場を形成する役割を果たすスタンダード）から生まれている。

ところが日本の場合、この新しい経済原則に基づいた経済政策は何も行なわれていない。それどころか、アベノミクスは20世紀の経済政策を微修正しながら程度だけ強くしている。だから、安倍首相就任以来７年近く過ぎても２％成長の目標が達成できないのである。

いま世界で繁栄しているのは、国ではなく「地域」である。いわゆる「メガリージョン」

や「メガシティ」で、その象徴はアメリカのシリコンバレーとサンフランシスコ・ベイエリアだ。中国では深圳がＩＣＴの一大拠点になって人口１４００万のメガシティに急成長し、周辺の香港や珠海《しゅかい》などを巻き込みながら、さらに発展を続けている。「都市国家」のシンガポールも、金融業、ＩＣＴ、生化学などを中心に世界中から繁栄を呼び込んでいる。

　そうしたメガリージョンやメガシティの成長を支えているのは、国家や政府ではなく企業であり、企業を牽引する「個人」である。傑出した個人「Ｉ」がつながって組織「Ｗｅ」をさらに強くするのが21世紀の特徴なのだ。『個人が企業を強くする』で書いたように、ＩＣＴ時代のネットワーク社会では「Ｉ」よりも「Ｗｅ」のほうが、必ず優れている。それが「集団知」というものであり、集団知が重層化すればするほど、その組織は強くなる。旧態依然のピラミッド型組織や政府主導の護送船団方式の成長モデルは、もはや通用しないのだ。

トランプと安倍に共通する考え方

　国や国民を〝上から目線〟で〝丸ごと〟何とかしようというのは、20世紀の考え方である。それをやっているのが、アメリカのドナルド・トランプ大統領と日本の安倍首相だ。トランプ大統領は国際協定を否定し、かつて「黄禍論」を唱えたリー・アイアコッカのようなメンタリティで20世紀に戻ろうとしている。安倍首相も、江戸・明治時代以来の中央集権の統治機構を維持して20世紀の経済政策を続けている。

　政府の諮問会議などでは、いちおうＡＩやＩｏＴといった新しい言葉が躍っているが、今の日本は世界から完全に後れを取っている。時価総額10億ドル（約１１００億円）を超える非上場の「ユニコーン企業」は、アメリカと中国を中心に世界で二百数十社あるが、日本企業は1社（プリファード・ネットワークス）だけというお粗末な状況である。

日本企業は、21世紀の世界を理解していない政府や経団連など無視して、従来のカルチャーと給与制度を大きく変え、傑出した人材を世界中から集められるようにしなければならない。そして一人一人の個人は、リクルートの「38歳定年制」を自分に課したつもりで、世界のどこに行っても通用する新しいスキルを磨いていくべきなのである。

新・就活ルール
経団連から政府主導になっても「新卒一括採用」では意味なし

政府は２０１８年10月に開いた就職・採用活動の新ルールを検討する関係省庁連絡会議の初会合で、２０２１年春入社の新卒者には現行の就活ルールを維持する方針で一致した。２０２２年春入社以降のルールは、２０１９年度に改めて議論するという。

就活ルール見直しのきっかけになったのは２０１８年９月初めに経団連の中西会長が「個人的な考え」とした上で、経団連が就活ルールを決めるのは違和感があるとして、廃止する意向を表明したことだった。それに対し、安倍首相は「学生の本分である勉強よりも就職活動が早くなるのはおかしい。広報活動（説明会）は3月、選考活動は6月に開始というルールをしっかりと守っていただきたい」と発言。全国の大学や短大などで構成する就職問題懇談会も「2021年春入社組については現行ルールを維持すべきだ」と反発した。

そうした反応を受けて中西会長は「何かしらのルールがあること自体には抵抗感はない。同時に、通年採用など多様な採用のあり方があり、そのどれかを禁止するということでもない」として、政府の要請があれば現行ルールの継続を受け入れる考えを示していた。

今回、経団連が就活ルール廃止を打ち出したのは、至極当然のことである。私が知る限り、日本以外に「新卒一括採用」の就活ルールを決めている国はない。日本では2018年3月卒業の大学生の就職内定率が98％で過去最高となったが、リクルートワークス研究所の調査によると、アメリカ、中国、韓国、インドの場合、在学中に就職先が決定した大学生の割合は50％前後にすぎない。日本は世界でも例外的なのである。

各企業の判断に任せるべき

しかも、就活ルールはとっくに形骸化している。文部科学省の2018年度「就職・採用活動に関する調査」によると、6月より前に選考活動を開始した企業は62・4％に上っている。実に6割以上の企業が「解禁破り」をしているのだ。解禁日前のインターンシップ（就業体験）を選考に使っている企業も多い。

また、すでにネスレ日本、ユニリーバ・ジャパン、ファーストリテイリング、リクルート、ソフトバンク、ヤフー、楽天、ディー・エヌ・エー（DeNA）などが就活ルールに関係なく「通年採用」を導入している。

リクルートキャリアの調査によると、2019年入社で通年採用を実施する予定と答えた企業は26・3％に達している。それらの企業と就活ルールを守る企業の両方で大学生が就活をするとなれば、大変な時間と労力が必要となる。

そもそも経団連が就活ルールを決めていたこと自体がおかしい。各企業の判断に委ねるべきであり、安倍首相が経団連にルールを守れと要求するのは筋違いも甚だしいのだ。

もし、どうしても就活ルールに固執するなら、経団連ではなく政府・文科省が決めて全企業を対象にし、違反したら罰則を科すべきである。無論、私はそうしろと言いたいわけではない。そこまでやらないなら、就活ルールは無意味だと言いたいのである。

さらに、安倍首相や大学側は就活ルールがなくなったら、就活が長期化して学業に専念できなくなると言うが、それもナンセンスだ。実際には、多くの大学生は3年間で卒業に必要な単位をほぼ取得してしまい、4年次は6月（あるいはそれ以前）に内定が出たら、夏休み以降は内定先の企業で「入社前研修」を受けたり、何度も卒業旅行をしたりするので、フルタイムで大学の講義を受けている4年生はほとんどいない。つまり、大学生が勉強するのは実質3年間になっているのだ。そういう現実を、安倍首相や大学側は知らないのだろうか。

もし本気で学業を重視した就活ルールを作るというのであれば、内定は「仮」にしておき、修了した時の成績を採用の最終条件にすればよい。たとえば、4年次に3年次までの成績を下回らず、出席日数も満たしたという〝証明書〟を卒業証書と一緒に提出したら、それで初めて内定通知書を有効にするのである。そこまでやらないなら、これまた就活ルールを作る意味はないし、大学生が学業に専念することもないだろう。

中高年社員も十把一絡げにする愚

毎年4月に新卒者を大量に一括採用するというのは、良質かつ均質的な労働力を必要とした20世紀の大量生産・大量消費時代の工業化社会の名残でしかない。だが、21世紀は余人をもって代えがたい〝尖った人間〟しか必要とされない時代である。平均レベル以下の人間はAIやロボット、もしくは途上国の労働者に置き換えられていくのだ。

言うまでもないが、人間の能力は年齢とともに変化する。10代、20代の新入社員の能力と、30代、40代、50代の能力は全く違う。社会に出た後も、それぞれの世代ごとの再教育が必要なのだ。ところが、政府が掲げる「リカレント教育」(生涯にわたって教育と就労を交互に行なう教育システム)は人生100年時代を謳《うた》う一方、結局、退職後の再就職が主眼となっている。年金が先細りしても自分で稼ぐ力を身につけろ、という魂胆が丸見えなのだ。今の30代、40代、50代も再教育によってAIに負けない人材に変えていくべきなのに、その発想がないのである。

そう考えると、多くの企業で導入されているような中高年社員を十把一絡げにした早期退職制度もまた、いかに間違っているかわかるだろう。たとえば、百貨店最大手の三越伊勢丹ホールディングスは２０１７年に、退職金の上乗せ支給を柱とする大規模な早期退職制度を新設し、48歳以上を対象として今後3年間に８００〜１２００人の削減を目指すと発表した。

だが、その一方で同社は２０１８年度に約１８０人もの新入社員を採用している。経営陣は「中高年社員はもう使い物にならないが、若い新卒者なら教育できて給料も安い」と考えているのかもしれないが、今の中高年社員をダメにしたのはまさにその経営者たちなのだから、いくら新卒者を採用したところで21世紀のビジネス環境に対応できる組織に生まれ変われるとは到底思えない。

最近は「スカウト型」の採用支援サービス（逆求人サイト）が話題になっている。学生がサイトに自分のプロフィールを登録すると、企業側からオファーが来るという仕組みである。今後はプロ野球のドラフト制度のように優秀な学生を企業が「指名」する時代になっていくのではないだろうか。

となれば、これから政府が主導して新たな就活ルールができたとしても、それが有名無実になることだけは確かである。

マイナンバー制度①

鳴り物入り「マイナンバーカード」はどこに〝消えた〟のか

マイナンバー制度がスタートして4年が過ぎた。しかし、莫大な予算を投じて導入されたこの制度のことを、今では大半の国民が忘れてしまっているのではないだろうか。

実際、総務省によると、マイナンバーカードの交付枚数は2019年4月1日時点で1656万6976件にとどまっている。日本の人口に対する申請率はわずか13％という惨憺《さんたん》たる状況だ。

私自身はすぐに申請して入手したが、今に至るまで全く使い道がない。マイナンバーカードを使ってコンビニのマルチコピー機から印鑑登録証明書や住民票の写しなどが取得できる市区町村は628で全市区町村の36％にすぎず（2019年7月26日現在）、私が住んでいる千代田区もサービスが始まったのは制度開始から3年以上過ぎてからだ。

当初、高市早苗《たかいちさなえ》総務相（当時）は記者会見で「今後はカードの普及促進が大きなテーマになる」として、国民にカードの利便性をアピールしていくと強調した。しかし、そこで出されていた利便性の中身は、前述したコンビニ交付サービスのほか、「マイナポータル」（マイナンバーに関連した個人情報を自分で確認できるポータルサイト）を活用して認可保育所の入所申請や妊娠の届け出などができるようにする「子育てワンストップサービス」、マイナンバーカードを公共施設の利用者カードや商店街のポイントカードとして利用できるようにする情報基盤「マイキープラットフォーム」の全国展開といった、限られた対象者へのサービスばかりだった。

この問題に関連して言えば、私は20年以上前から納税、年金、健康保険証、運転免許証、パスポートなどの国民情報を一元管理する「国民データベース（DB）」の構築を提唱している。その観点から、かつての住基ネット（住民基本台帳ネットワークシステム）と、それを引き継いだマイナンバー制度がいかに時代遅れかということを批判し続けてきた。

今ごろになって、マイナンバーカードに健康保険証、運転免許証、クレジットカード、キャッシュカードなどの機能を持たせることやスマートフォンと組み合わせることも検討されているようだが、それらは最初からやっておくべきであり、後から付け加えたらコストが嵩《かさ》んでいくだけである。

アメリカでは政府の業務ソフトをオープンソース化する動きが進んでいる。それだけでなく、これから開発するシステムの内容を公表してベンダー（供給業者）を募集するオープンコンペティションになっている。つまり、来年の予算はこういう分野に付くので、それに興味がある会社は手を挙げてくださ い、という誰でも参加できる仕組みである。このため、より良いシステムが、より安いコストで開発・導入できている。役所がベンダーのＩＴゼネコンの言いなりになっている日本とは雲泥の差だ。

データベースは〝新築〟が安上がり

そもそも日本は地方自治が進んでいない〝縦割り縄のれん〟行政なので、全国の自治体はどこでもほとんど同じような行政サービスを提供している。ふるさと納税やエコ活動ポイント制度などで多少の違いはあるものの、システム構築から見ればそれらは非常にマイナーな部分だ。人口の規模によって、メモリーの容量を増減すればよいだけの話である。

ということは、業務システムもほとんど同じようなもので運用可能なはずだが、実際は自治体ごとにＩＴゼネコンから高い値段で別々のシステムを買っている。しかし、もしアメリカのようにオープンソース化してソフトの〝蓋〟を開けたら、どの自治体のシステムもプログラムの何行目か以降は全く同じだということがバレてしまうだろう。

つまり本来、各自治体がほとんど同じことをやっている日本の行政サービスは、すべての国民情報を一元管理する国民データベースを〝新築〟したほうが、マイナンバーのシステムを〝増築〟していくよりも、はるかに手っ取り早くて安上がりなのである。そしてそれをクラウドコンピューティング化してクラウド側にアプリケーションを入れ、データのバックアップをとっておけば、国民はスマホ1台で事足りるのだ。

一方、マイナンバー制度は、ＩＣカードを申請・取得して、使う時は役所やコンビニまで持参するという、昔の米穀配給通帳のような古くさい方法のままである。

前述のマイナポータルも、ＩＣカードリーダーを購入してパソコンに接続することで自分のマイナンバーに関する情報にアクセスできるというが、サービスの範囲は極めて限られており、その手間を払ってまで利用しようとは誰も思わないだろう。また、スマホ利用者の場合は、専用アプリをダウンロードして端末をカードにかざせばＩＣチップを読み取れるというものの、使えるスマホはグーグルのＯＳ「Ａｎｄｒｏｉｄ《アンドロイド》」を使う一部の機種だけで、ｉＰｈｏｎｅ《アイフォーン》などは対応していない（２０１９年秋以降の一部の新機種で対応可能になる）。とにかく、全く「使えない」ポータルサイトと言ってよい。

要するに、総務省や自治体の役人たちは、エンドユーザーである国民とのインターフェイスをどうするかということを全く考えていないのだ。エンドユーザーが使う機器は、電話、スマホ、パソコン、タブレット端末ぐらいなのだから、世界のどこにいても、それらの機器からネットにつなぐだけで簡単にサービスが受けられるようにすべきなのに、自分たちの都合やＩＴゼネコンの意向が優先され、使い勝手の悪い自治体別のこま切れ状態になっているのが現実なのである。

生まれながらの〝ガラパゴス〟

これまでも著書や雑誌連載などで何度も紹介してきたが、エストニアの「ｅガバメント（電子政府）」はＳＩＭカードの中に国民ＩＤチップを格納したスマホ１台で何でもできる。世界のどこにいても「エストニア国民」として権利を行使でき、選挙の投票や納税、年金、健康保険証、運転免許証、国家資格などの手続きから公共料金の支払いといったことまで可能である。

このエストニア型の国民データベースについては、しばしば個人情報漏洩《ろうえい》や安全性が危惧《きぐ》されるが、すでに指紋、眼球の虹彩、声紋、静脈などのバイオメトリクス（生体認証）技術が進み、それを重ねると本人になりすますことは非常に難しくなっているので、何の問題もない。

むしろ他人に悪用される可能性が高い印鑑のほうがよほど危険である。日本は未だに〝印鑑社会〟だが、そもそも印鑑登録証明書には法的根拠がない。自分が役所に登録した印鑑と同じ印鑑だということを証明するだけだから、本人とは何の関係もない。したがって、もう印鑑や印鑑登録証明書というものは不要であり、バイオメトリクスさえあればリスク管理は十分なのである。

全く利便性のない現在のマイナンバーカードを、いくら政府が国民にアピールしても、普及するわけがない。このままだと、生まれながらにしてガラパゴスのマイナンバーカードは〝旧世代の遺物〟として博物館行きになるかもしれない。

エストニアの2～3周遅れでもよいから、一から作り直すべきである。

マイナンバー制度②
「夫婦別姓」問題の本質は「戸籍制度」撤廃にあり！

内閣府が発表した「家族の法制に関する世論調査」（２０１８年2月）の結果によると、選択的夫婦別姓制度の導入について、「法律を改めてもかまわない」と容認する人の割合が42・5％に達し、過去最高となった。「法律を改める必要はない」と反対する人の割合は29・3％で、過去最低だった。

現在、日本では民法第７５０条で「夫婦は、婚姻の際に定めるところに従い、夫又は妻の氏を称する」と夫婦同姓が定められており、戸籍法によって夫婦同姓・別姓を選択できる国際結婚の場合を除き、夫婦のどちらかが姓を変えない限り法律婚は認められていない。

このため、結婚時に妻の姓を選択したソフトウエア開発会社サイボウズの青野《あおの》慶久《よしひさ》社長ら男女4人が２０１８年1月、日本人と外国人との結婚では同姓か別姓かを選択できるのに日本人同士の結婚だと選択できないのは「法の下の平等」を定めた憲法に反するとして、１人55万円の国家賠償を求めて東京地裁に提訴した（２０１９年3月に棄却）。

青野社長らの主張は、全くその通りだと思う。だが、この議論は「夫婦別姓」の問題にとどまらない。より本質的なテーマは、社会的な不平等を生んでいる「戸籍制度」そのものだ。

戸籍があるのは日本・中国・台湾だけ

私自身、アメリカ人の女性と結婚したので、戸籍制度の問題は自分の家族の問題でもあった。というのは、妻が長い間「入籍」されなかったのだ。日本で婚姻届を出したにもかかわらず、当時の戸籍謄本に妻の名前はなく、欄外に「米国籍○○○と結婚」と書いてあるだけだった。子供たちが生まれた後も、彼らは私の戸籍に入っているのに妻だけは欄外のままで、戸籍上、私の妻＝子供たちの母は存在しなかったのである。これは外国人に対する差別と偏見以外の何ものでもない。

戸籍制度があるのは、世界でも日本と中国、台湾だけである。かつては韓国やベトナムにもあったが、現在は撤廃されている。

戸籍制度の何が問題なのか？　国家が国民を「個人」ではなく、男性中心の「家族集団単位」で把握するシステムだからである。その結果、たとえば日本では「できちゃった婚」が非常に多い。未婚で妊娠した場合、入籍（婚姻）するか否かが、生まれてくる子供の将来に大きな影響を及ぼすため、妊娠した後に結婚するケースが増えているのだ。

さらに、堕胎（人工妊娠中絶）の問題もある。正確な統計は当然存在しないが、日本の堕胎件数は世界でトップクラスと言われている。その理由は、妊娠しても入籍できないために生まれてくる子供の将来を慮《おもんぱか》って堕胎するケースが多いからだと思われる。

婚外子（非嫡出子）の割合も、欧米先進国は30～50％以上だが、日本は2％にすぎない。婚外子への相続差別はようやく法改正されたが、まだ陰に陽に差別や偏見は残る。子連れで再婚した場合も、連れ子の続柄は「長男」や「長女」ではなく「養子」か「子」になる。こうした差別は、すべてなくすべきである。そうした男性中心や戸籍中心の「日本の常識」は「世界の非常識」にほかならない。

たとえば、デンマークは「CPR（中央個人登録）制度」により、生まれた時に一人一人に「個人登録番号」が付与されるだけで、日本の戸籍のような家族単位の書類はない。個人登録番号は10桁の数字で、生年月日と通し番号、性別で完全に個人を識別できるようになっており、その番号で税金、病院、銀行などのシステムがすべて生涯にわたって管理されている。男女が婚姻を登録すると2人の番号が夫婦として登録上つながり、子供が生まれた場合も親と子供は個人と個人が番号でつながるだけである。

また、合計特殊出生率が一時期、2を超えていたフランスは事実婚が多く、婚外子が新生児の半数以上を占めている。もともとカトリックなので堕胎は少ないが、国の制度も親ではなく子供中心で婚外子に対する差別はなく、出生・育児手当をはじめ保育手当や新学期手当、住宅手当など子育て支援が非常に手厚い。こうした国では、GDPの3・2～3・8％にも達する予算を使って少子化に歯止めをかけているのだ（フランスではここ数年、経済状況の悪化などにより出生率が低下する傾向にある）。

家族を定義するのは家族

日本は、デンマークやフランスと全く逆さまだ。戸籍中心で、戸籍によって子供に差がついてしまう。したがって1・42（2018年）の合計特殊出生率を反転させようと思ったら、単に子育て支援を拡充するだけでなく、婚外子や連れ子を差別する戸籍制度を撤廃して、すべての子供を社会的に平等に扱わなければならないのだ。

その一方で、選択的夫婦別姓制度の導入に反対している勢力もある。それらの人々は、夫婦別姓を容認すると、家族や親子の絆が失われる、家庭が崩壊する、先祖を大切にしなくなる、などと主張している。だが、個人と個人が番号でつながっているだけのデンマークや事実婚が多いフランスをはじめ、夫婦別姓を選べる他の国々で家族や親子の絆が失われているだろうか？　私が知る限り、そうはなっていない。それどころか、多くの国では日本よりも家族や親子の絆が強い。

「家族を定義するのは家族」であるべきで、国が「外国人は欄外」とか「連れ子は養子」とか決めるのはおかしい。人生100年時代、今や2回3回結婚する人も少なくないし、家族のかたちも多様になってきている。昨今顕在化しているLGBTのパートナーも含め、日本はもっと個人に多様な選択肢を与えるべきなのだ。

さらに言えば、「家」中心の制度から「個人」中心の制度に転換することこそが、国と個人の関係を定義している日本国憲法の精神にも合致することになる。憲法上は今の戸籍制度こそが「違憲」である、ということに気づくべきなのだ。

私は25年以上前からデンマークのCPR制度と同じような「コモンデータベース」の構築を提唱している。これは、前述した全く使えないマイナンバー制度に代わって、行政サービスを画期的に便利にするとともに行政コストを飛躍的に下げるものだ。

インドではインフォシスの共同創業者ナンダン・ニレカニが主導して、生体認証を使った13億人の国民IDシステム「アーダール（Aadhaar）」を作り上げた。人口がインドの10分の1でしかない日本で、市区町村別にマイナンバー制度という国民データベースを展開していることが、そもそも〝お笑い〟の世界なのである。

日本は新たな令和時代の始まりを機にした「維新」の一つとして、明治時代以来のカビ臭い戸籍制度を撤廃し、21世紀対応の近代的な個人中心の「全国民の共通データベース」に移行すべきである。

異次元金融緩和①

国債と株で〝フォアグラ状態〟の日銀は「内部爆発」する

日銀が発表した2019年第1四半期の資金循環統計（速報）によると、日銀が買い入れている日本国債の3月末の保有残高は475兆円に達し、国債全体に占める比率が過去最高の46・3％になった。ETF（上場投資信託）の買い入れを通じた日本株の保有残高も、日本経済新聞の推計では、3月末の時価で約28兆円に上り、東証1部の時価総額の4・7％に膨らんでいる。すなわち、今や日銀は腹の中に溜め込んだ国債と株で〝フォアグラ状態〟になっているのだ。

そこまでなりふりかまわない「異次元金融緩和」をやりながら、日銀が目標としてきた「物価上昇率2％」は黒田東彦《はるひこ》総裁の就任から7年近く経過しても達成できていない。これまでに達成時期を6回も先送りし、揚げ句の果てに2018年4月の金融政策決定会合で、「2019年度ごろ」としていた達成時期の表現を「経済・物価情勢の展望」（展望リポート）から削除した。

事実上、理由もなく目標達成は困難と認めた格好だが、黒田総裁は達成時期を削除した理由について、これまでの記載が「達成期限ではなく、見通しであることを明確にするため、記述の仕方を見直すこととした」と弁明した。まるで大学受験で6浪した学生が「いつ合格するとは言ってない」と開き直ったようなものであり、まともな大人の発言とは思えない。

その言い訳のつもりなのか、日銀はその年の6月に、インターネット通販の拡大がスーパーなど既存の小売企業の価格設定行動にも影響を与えて物価を押し下げている、という内容のレビューを発表した。2017年のインターネット購買比率の上昇幅（0・6ポイント程度）が、家電などのインターネット競合財に対しては0・3ポイント、生鮮食品・エネルギーに対しては０・１～０・２ポイントの押し下げ圧力になった、と分析している。

だが、これまた呆れて開いた口がふさがらない。インターネット通販の拡大は、とっくの昔から予想できていたことである。また、インターネット通販は配送費がかかるので必ずしも安くないし、消費を喚起している面もある。それを、今さら物価が上がらない理由にするのは、詭弁《きべん》を弄《ろう》するにもほどがある。このレビューは、日銀が消費の現実を全く理解していない証左である。

消費低迷の根本原因がわかっていない

黒田日銀は結局、20世紀の古い経済理論を振り回して金利とマネタリーベース（資金供給量）をいじっているだけである。たとえば、２０１８年3月に就任した「リフレ派」の若田《わかた》部《べ》昌澄《まさずみ》副総裁は「金融政策に限界はないと今も思っている」「必要であれば躊躇《ちゅうちょ》なく追加緩和すべきだ」「金利を操作するか、資産購入の対象を増やすか、資産の購入額を増やすか。この三つの戦略で臨めばよい」（日本経済新聞／２０１８年6月28日付）と述べているが、それでは消費は動かない。

数字をいじるだけなら、その組み合わせは無限にある。なぜ、いくら数字をいじり回しても消費が上向かないのか、その根本原因がわかっていないのだ。

私が繰り返し主張してきたように、日本がデフレから完全脱却できない根本原因は「低欲望社会」になっていることだ。そして、それを招いているのは、国民の将来に対する不安である。

今の日本は給料が上がらない一方で税金や年金の負担が年々重くなっている。このため、国民はマインドがシュリンクして「低欲望」になっている。少子高齢化・人口減少社会になって景気が低迷しているのに、2019年3月末の個人金融資産は1835兆円に達し、10年前の1459兆円より370兆円（25％）も将来に対する蓄えが増えているのが、その証拠だ。

仮に1835兆円の1％が市場に出てきたとすれば18・3兆円だから、消費税をゼロにするのを上回る効果がある。しかし、それを促す政策は何も講じられていない。

つまり、個人金融資産が銀行などの金利もつかないところにじっとしていて市場に出てこないことが今の日本経済の最大の問題であり、なぜそうなっているのかということを科学的に考えて解決策を打つべきなのだ。

当の日銀が最大の不安要因

ところが、安倍政権と黒田日銀は〝アベクロバズーカ〟で国債を乱発して将来世代の借金を増やし続け、かえって国民の不安を煽《あお》っている。財政赤字は膨らむ一方なのに、2019年度予算は7年連続で過去最大を更新し、初めて100兆円を超える101兆円まで膨らんでいる。しかも安倍政権は、無意味な「働き方改革」や〝忖度《そんたく》行政〟の温床と化している「国家戦略特区」などで、民間企業の足を引っ張っている。

その結果、経済成長しないから給料はいっこうに上がらないし、金利がつかないから多くの高齢者は預貯金を食いつぶして暮らすしかない。ましてや安倍政権がいきなり「人生100年時代」などと言い始めたものだから、「80年までなら何とかもつと思ったが、100年なんて全く手当ができない」と、ますますガードが堅くなっている。国民は老いも若きも消費意欲を抑え、遠い将来に備えて節約・倹約しているのだ。これでは物価が上がるはずはないだろう。

そういう消費低迷の根本的な原因を理解できていない日銀だが、もし日銀が目指す物価上昇率２％どころか、想定を超えて金利が上昇し始めたらどうなるか。

そうなったら、フォアグラのように国債を腹一杯に溜め込んだ日銀は、利払いが利息を上回る「逆ザヤ」になってインプロージョン（内部爆発）を起こし、国債暴落のトリガーを引いてしまう。

もはや日銀に異次元金融緩和の「出口」はない。つまり、日銀自体が日本経済にとって最大の不安要因なのだ。国民は、日銀インプロージョンという〝人災〟に備えるべきである。

異次元金融緩和②

米学者のトンデモ理論「MMT」をすでに政府日銀は実践中

日本銀行の資金循環統計によると、一般政府（中央政府、地方公共団体、社会保障基金）が2019年3月末に保有する金融負債は、1316兆円となり、対GDP（国内総生産）比239%に達している。イタリアはこれが129%で、EUからユーロ参加の条件である「60%以内」に抑えるよう求められて七転八倒しているが、その基準を日本は4倍も超えてしまっているのだ。

日本の「国の借金」の大半（1028兆円）は国債だ。もともと国債は主に金融機関や生命保険会社・損害保険会社が我々の預貯金や掛け金で買っていた。しかし、アベノミクスの下で黒田日銀が異次元金融緩和を開始して以降、日銀は金融機関から国債を買い上げるとともに新規国債の買い入れを増やし、金融機関に現金を持たせることで貸し出しを増やすよう促してきた。つまり、日銀が国債の〝吸収機関〟になったのである。その結果、金融機関の国債保有残高が年々減り、2019年3月末時点で国債の46・3%を日銀が保有するという異常な状態になっている。これは他国に例がない。

中央銀行が政府に資金を供給する「財政ファイナンス」は従来、政府の財政規律を失わせるとともに中央銀行による通貨の増発に歯止めがかからなくなって悪性インフレを引き起こす恐れがあるとして〝禁じ手〟と言われていた。ところが日本ではそれが堂々と7年近くもまかり通り、しかも海外からは日本国民が国債を買っているのだから大丈夫そうだな、と見える。

そんな日本を〝見本〟にして日米で話題になっているのが「現代貨幣理論（ＭＭＴ）」だ。提唱者はニューヨーク州立大学のステファニー・ケルトン教授らで、その中身は「自前の通貨を持つ国がいくら自国通貨建ての国債を発行してもデフォルト（債務不履行）には陥らない」「インフレにならない限り、財政赤字を膨らませてもかまわない」というもの。ケルトン教授は「巨額債務を抱えているのにインフレも金利上昇も起きない日本が実証している」「日本の景気が良くならないのはインフレを恐れすぎて財政支出を中途半端にしてきたからだ」「ＭＭＴは日本が直面するデフレの解毒剤になる」などと主張している。

しかし、これは見当違いのとんでもない理論である。ケルトン教授は日本経済を全く理解していない。

簡単に説明しよう。もし日銀の目標通りに物価が上がれば、金利も上がる。今は超低金利なので国債の利払い費は年間約9兆円で済んでいるが、金利の上昇に伴い新規発行や借り換えで利率の高い国債が発行されるようになったら、利払い費は一気に増加していく。

しかも、金利が上がって国債よりも高利回りの金融商品が登場してきたら、海外の投資家はもとより日本の金融機関や生保・損保なども国債を売ってそちらにシフトするだろう。それは国債暴落につながり、国債を大量に貯め込んでいる日銀のインプロージョン（内部爆発）のトリガーを引くので、国債の金利も上げざるを得なくなる。そうなれば財政破綻へ一直線だ。

ETF市場の7割を日銀が保有

ただし、日本の場合はいくら財政支出を増やしてもインフレになりようがない。なぜか？これはケルトン教授と同じく日本の実態を知らなかったノーベル経済学賞受賞者のポール・クルーグマン教授やジョセフ・E・スティグリッツ教授も読み違えたことだが、私がこれまで繰り返し指摘してきたように、日本は世界で最も進んだ「低欲望社会」だからである。そういう日本人の「に」の字も知らない学者がマクロ現象だけを見て考えると、根本的に間違えてしまう。「今のところ大丈夫だ」という現実と、「それが正しいセオリーだ」というMMTとでは大きな違いがある。「インフレが起きない限り」という前提で理論を一般化するMMTは危険極まりない。喩《たと》えてみれば、爆発しないからダイナマイトをいくら部屋に置いておいてもよい、と言っているようなものであり、できるだけ早く除去すべきであることに変わりはない。

２０１９年４月４日の参議院決算委員会では、自民党の西田昌司《しょうじ》参議院議員が「日本はすでにＭＭＴに基づいた政策をやっている」と指摘した。これに対し、安倍首相は「債務残高対ＧＤＰ比の安定的な引き下げを目指しているから、ＭＭＴの論理を実行しているということではない」、麻生太郎財務相は「財政規律を緩めると極めて危険なことになり得る。日本をその実験場にするという考え方を持っているわけではない」、日銀の黒田総裁は「財政赤字や債務残高を考慮しないという考え方は極端な主張であり、なかなか受け入れられないのではないか」と否定している。だが、実際には西田議員の言う通り、〝アベクロバズーカ〟で国債残高と財政赤字を増やし続けている安倍政権は事実上、ＭＭＴを実践中なのである。

その上、黒田日銀は「株価安定」のためにＥＴＦの買い入れを続け、今やＥＴＦ市場の純資産総額の７割超、約28兆円を保有するまでになっている。日本経済新聞（２０１９年４月17日付）によると、日銀はすでに上場企業の23社で筆頭株主、５割で上位10位以内の大株主になったという。日本企業の多くが〝国営企業〟になりつつあるのだ。

その先には何が待っているか？　国債暴落だ。準備期間が２年で十分な新紙幣の発行を５年も前に発表したのは安倍政権の選挙対策だが、財務省には国債暴落に備え、新紙幣に切り替えるタイミングで１％の金融資産課税ができるようにしておこうという思惑があるのではないか。国民も、いつ到来しても不思議ではない国債暴落による国家破綻の危機に備えるべきである。

マイナス金利

「老後2000万円不足」問題の元凶は安倍政権の愚策

2019年7月の参議院議員選挙で争点の一つになった「老後資金2000万円不足問題」は、その後も老後と年金に対する国民の不安・不満・不信を増幅する一方だ。

この問題をめぐる一連の議論で際立ったのは、麻生財務相のトンチンカンぶりである。当初は、夫65歳・妻60歳の無職世帯をモデルにすると「毎月の赤字額が約5万円となり、その場合は20年で約1300万円、30年で約2000万円の金融資産の取り崩しが必要になる」と指摘した金融庁の報告書の中身をアピールしていたのに、それが批判を浴びると一転、報告書の受け取りを拒否するという前代未聞の対応をして野党の格好の標的になった。この不手際は、あわよくば衆参ダブル選挙に打って出ようと狙っていた安倍首相が、参院選のみの決断を余儀なくされる一因になったと思う。

その一方で、立憲民主党をはじめとする野党も、麻生財務相や自民党の稚拙な対応を批判したり、安倍政権が強調している公的年金制度「100年安心」の揚げ足取りをしたりするだけで、具体的な対案も示せないまま、議論は迷走し続けている。だが、この問題は安倍政権の経済政策の本質的な問題点まで踏み込んで批判しなければ意味がない。

そもそも金融庁の報告書は組上《そじょう》に載せるまでもない。前述したように、夫65歳・妻60歳の無職世帯は30年で約２０００万円の赤字になると試算したわけだが、厚生労働省が公表した２０１８年簡易生命表によると、95歳まで生存する人の割合は男性９・６％、女性26％だ。また、件《くだん》の報告書では60歳の人が95歳まで生存する割合は25・３％（２０１５年推計）となっている。つまり、95歳まで生きる人はモデルケースの「４人に１人」に留まるのだ。

さらに、金融広報中央委員会の「家計の金融行動に関する世論調査」（２０１８年）によれば、世帯主が60歳代で２人以上の世帯（金融資産を保有していない世帯を含む）の金融商品保有額は平均１８４９万円だ。ということは、半分くらいの世帯は２０００万円前後の金融資産を持っていることになる。

これらを総合すれば、老後資金が不足する人は全体の８分の１程度、すなわち12％ほどにすぎないと考えられる。したがって、この12％ほどの人たちを安心させる方法を考えればよいだけのことであり、国民全体に不安を広げるお粗末な対応をする前に、もっと賢明な解決策をいくらでも出せたはずだ。

資産があっても利息で稼げない

たとえば、富裕層による寄付制度もその一つ。65歳までに（その時点での相続税額を超える）１億円以上の寄付をしたら、65歳以降の所得には課税しないようにする。10億円以上の場合は相続税や贈与税、固定資産税も免除する。そして、その寄付金を基にして〝老後資金救済ファンド〟のような仕組みを創設するのだ。

今の高齢者には多額の金融資産を持っているのに、それを運用することも有効に使うこともできないまま利息が付かない定期預金などにじっと蓄え込んでいる人が山ほどいる。だから個人金融資産が１８００兆円超に膨らんでいるわけで、それを活用すべきなのだ。

私の知り合いの経営者には、後継者がいなかったり、社内に後を任せられる人材がいなかったりして、会社を売ろうとしている人が少なくない。彼らが会社を売った場合に手にするお金は１００億～１０００億円だ。

あるいはサラリーマンであっても、勤めていた企業によっては、かつての金利が高い時代の企業年金をもらっている人がいる。実際、私の知人の1人は90歳になろうというのに、企業年金と公的年金を合わせて月80万円も受給している。

そういう富裕層は所得税や相続税などが免除されるとなれば、寄付を選ぶ人もけっこういるはずだ。仮に1億円寄付する人が1万人現れたとすると、運用資産1兆円のファンドが出来上がる。その運用益で老後資金が不足する12％の人たちを救済するのである。

とくに、老齢年金の平均年金月額が5万５６１５円（２０１７年度末現在）でしかない国民年金だけの受給者については、厚生年金保険（２０１７年度末現在の老齢年金の平均年金月額14万７０５１円）を合わせて受給している人たちや、最低でも生活保護を受けている人たち（月額約16万円）と同程度の生活レベルが維持できるように資金を補塡しなければならない。

これは第3章で詳述する「高齢者向けベーシック・インカム（BI=最低所得保障）」と同様の考え方であり、「健康で文化的な最低限度の生活を営む権利」（日本国憲法第25条）を確保・維持できるだけの金額を、死ぬまで支給するというシステムだ。その財源は、前述の〝老後資金救済ファンド〟のほかに、医療費などを節約すれば十分賄えると思う。

金利4%で個人資産は年58兆円増

「老後資金2000万円不足問題」の発端となった金融庁の報告書は、国民の投資を奨励するために盛り込んだデータの部分だけがクローズアップされてしまったわけだが、今の日本の本質的な問題は、そこではない。たとえ2000万円の金融資産を持っていたとしても、今のゼロ金利やマイナス金利では、投資で稼ぐことがほとんど不可能だということである。

だが、もし今、金利が4%なら、金融資産2000万円で月5万円強、同1000万円で月3万円弱の利息収入（20%の税引き後）を得ることができる。1800兆円超の個人金融資産全体で考えれば約58兆円である。それだけの利息収入があれば、将来に対する国民の〝漠たる不安〟がなくなり、消費が増大して景気も良くなるはずだ。しかし政府は、いつ倒産してもおかしくない〝ゾンビ企業〟の延命を優先し、金利で稼ぐ一般国民を捨てたのである。

要は、世界一の個人金融資産を持つ国民が、アベノミクスと黒田日銀の異次元金融緩和という〝世紀の愚策〟によって、老後の生活設計が成り立たない事態になっているのだ。それこそが安倍政権の最大の問題であり、野党が追及すべきは年金不安や消費税増税ではなく、アベクロ政策そのものなのである。莫大な個人金融資産がある日本では、金利が高いほど景気は良くなるし、老後の計画も立てやすい。この一点に政策論争を集中すべきなのだ。

にもかかわらず、野党は安倍政権と同じポピュリズムで安易な弱者救済策を競い合っている。この「政治の劣化」には愕然暗澹《がくぜんあんたん》とするしかない。

成人年齢引き下げ

大人の定義すら議論しない国会は〝日本のIQ〟低下の象徴

このところ、日本という国の行政能力の劣化を象徴するニュースが相次いでいる。財務省の公文書改竄《かいざん》やセクハラ問題しかり、防衛省の自衛隊日報隠蔽問題しかり、文部科学省の元事務次官の授業内容報告要請問題しかり、統計不正問題しかりである。

個々の議論はともかく、本質的な問題は政治家と官僚の総体的な能力低下にほかならない。いわば日本という国家の「集団IQ」が衰え、思考能力がなくなっているのだ。これは実にシリアスな問題である。

さらに例を挙げれば、3・11からの復興の遅れをはじめ、全く使えないマイナンバー制度、すでに忘れ去られたプレミアムフライデー、税金の無駄遣いでしかない公務員の定年延長、21世紀に対応できない新しい学習指導要領、失敗が目に見えているIR実施法など、枚挙に暇がない。国だけでなく東京都でも、大騒ぎした東京オリンピック・パラリンピックの競技会場問題や築地市場の豊洲移転問題、人気取りの私立高校無償化など、あまりにもお粗末で失笑を禁じ得ない。

そして、その最たるものが成人年齢の20歳から18歳への引き下げだ。それを定めた民法改正案が2018年6月、国会で成立。この法改正は2022年4月1日に施行され、明治時代以来続く「大人」の定義を変える大改革となる。だが、なぜ今この改正をすべきなのかという本質的な議論はすっかり抜け落ちたまま、ただ成り行き任せで事が進んでいる。

パチンコは18歳から、少年法は20歳未満

そもそもこの議論は、第一次安倍政権の2007年に成立した国民投票法で、選挙権年齢の20歳以上から18歳以上への引き下げを定めたことがきっかけである。すでに私は10年以上も前から雑誌連載などで、選挙権年齢だけを引き下げる矛盾を批判していたが、今ごろになってようやく成人年齢引き下げの議論が始まったというのは、遅きに失している。しかもこの間、「成人とは何か」という考察は全く深まっておらず、したがって「成人」の定義もなされていない。

かてて加えて、議論の中身もお粗末極まりない。選挙権年齢が18歳以上ということは、18歳になったら選挙で投票できるだけの「大人」の判断力がある、ということだろう。ところが今回の法改正では、飲酒や喫煙は20歳以上、競馬、競輪、競艇などの公営ギャンブルで馬券、車券、舟券を購入できる年齢も20歳以上のまま据え置かれる。国や地方の行方を決める投票では大人の判断力があるはずなのに、飲酒や喫煙や公営ギャンブルを禁じるというのは意味不明だが、これらの領域では18～19歳は「大人」とみなされていないわけだ。

その一方で、パチンコ・パチスロ店や麻雀荘には18歳から入ることができる。自動車の運転免許も18歳からOKで、バイクの運転免許にいたっては16歳から取得可能だ。パチンコや麻雀は公営ギャンブルよりも健全だ、バイクのほうが自動車よりも安全だとでも言うのだろうか？　全く理屈に合わない規定である。

かと思えば、少年法の適用年齢は20歳未満のままである。要するに、成人とは何か、18～19歳は大人として社会的な責任を負うことができるのかできないのか、という基準が役所によってバラバラなのである。

ネット上でも様々な意見が飛び交っている。たとえば、２０２２年に改正民法が施行されたら、成人式の対象年齢を18歳に引き下げるべきなのか？　それとも完全に「大人」になる20歳のままに据え置くべきなのか？　18歳にする場合、２０２２年は18～20歳の3年分の成人式を一気にやるのか？　そうなったら晴れの日の着物が足りなくなるのではないか……。

人々の混乱ぶりを象徴するような議論だが、結局これらも「成人」の定義があやふやだからなのだ。

何のための義務教育なのか

では、「社会人として自立した成人」や「大人としての責任と義務を果たせる人間」を誰が定義し、誰が育てるのかと言えば、もちろん「国」である。

現状は、中学卒業で義務教育が終わってから成人するまでの間は、国の責任がない空白期間になっているが、本来は国の責任で、教育の場で成人まで育てていかねばならない。

ということは、成人を定義して育てるのは文科省の役目であり、それは教育改革抜きには語れないはずである。ところが、当の文科省はこの議論から逃げており、成人年齢引き下げ議論の中に、教育改革は全く入っていない。

文科省はアカデミックなことばかり重視しているから、学習指導要領のどこを探しても、社会的責任を果たせる「成人」をつくるという意味合いの文言は出てこない。しかし、私に言わせれば、それ以外に義務教育の目標はないと思う。

義務教育が中学卒業までの９年間と規定されたのは、昔は中学を卒業したら貧しい親のために働かなければならない人も多くいたからだろう。しかし、もはや時代が違う。

教育というものは時代の変化に合わせてアップデートしていかねばならないのに、文科省はそれを怠っているのである。

今では、知識はパソコンやスマートフォンで検索すればすぐに手に入る。しかし、社会人としての判断力や考察力というものは、パソコンやスマホにはなかなか置き換えられない。だからこそ、義務教育の期間に「成人」を育てるための教育をしなくてはならない。

たとえば、成人年齢を18歳に引き下げるのであれば、高校までを義務教育にして、中学と高校は重なる教科があるので中高一貫で5年間にする（6・3・3制→6・5制）。そうすると1年浮くから、最後の1年で社会人としてのルールとマナー、自動車の運転などを教える。もちろん生きていくための知恵も、ライフプランやファイナンシャルプランに関するカウンセリングも、ここで行なう。それを修了したら、高校の卒業証書とともに選挙権や運転免許証を付与する。

つまり、高校の卒業式が成人としての認定式になるわけで、ゆえに義務教育は無償化すべき――とならねばならないのに、そういう議論はかけらもないまま、自治体によっては私立高校の無償化を打ち出して人気取りをしている。

私はこれまで著書や連載などで何度もこうした主張を繰り返してきたが、こんな自明で簡単なことをこの国の政治家や官僚は避けてきた。政治家や官僚が無能なのであれば、ジャーナリストや学者が批判・修正すべきなのに、彼らは自分たちの保身に汲々として、それもなされていない。すなわち、国家の集団ＩＱがどんどん衰えているのだ。この暗澹たる現実を前にしては、もはや溜息すら出てこない。

新・学習指導要領
生徒たちの未来を見ていない「文部科学省教育」の罪深さ

高校の学習指導要領が２０１８年３月に改訂された（２０２２年度から実施予定）。そこには「知識の理解の質をさらに高め、確かな学力を育成」「知・徳・体にわたる『生きる力』を子供たちに育む」「主体的・対話的で深い学びの実現」といった美辞麗句が並んでいる。だが私は、この新たな指導要領が生徒たちに壊滅的な悪影響を与えるのではないかと危惧している。今回の改訂では21世紀の世の中に全く対応できていないからだ。

企業が新商品を開発する場合、まず取りかかるのは「どんな商品を作りたいのか」というコンセプトを固めることだ。つまり、どのような設計をして、どんな機能を持たせ、最終形をどうするかということである。それを決めてから、そのために必要なものとそこに至るまでのプロセスを考える。

教育も同じである。最初に「どんな日本人をつくりたいのか」というコンセプトを固めなければ、どのような教育をすればよいのかわかるはずがない。ところが、文科省が発表した今回の改訂では「社会で求められる資質・能力を全ての生徒に育み、生涯にわたって探究を深める未来の創り手として送り出していくことがこれまで以上に重要となっている」などと基本方針にあるように、あまりにも抽象的かつ時代遅れだ。そういうお粗末な代物に基づいてカリキュラムや教科・科目を小手先でマイナーチェンジしたところで、何の意味もない。

これまで学習指導要領の改訂は約10年に一度のペースで行なわれてきた。今回の高校の新・学習指導要領は、２０２２年から使用を開始する予定なので、２０１９年現在の小学6年生からその内容で学ぶことになる。彼らが35歳くらいで最も仕事で活躍すると考えれば、それは２０４０年代だ。となると、２０４０年代はどんな世界になっているのか、そこで活躍するのはどんな人間なのかを考え、それに対応できる能力を持った人材を育成することが、今後の教育における最も重要なテーマになる。

２０４０年代には「シンギュラリティ（技術的特異点）」が訪れると言われている。ＡＩが人間の脳を超え、我々の生活に計り知れない変化をもたらす、という仮説である。そういう時代に、人間にはどんな能力、どんな仕事が求められるのか？　企業の経営環境や人事環境はどのように変化しているのか？

ＡＩに置き換えられて陳腐化する仕事が増え、いま以上にクリエイティブな能力が重視される時代になるのは火を見るより明らかだ。そういう状況なのに、皆が一律に元素の周期表を暗記したり、微分・積分を学んだりする意味がわからない。そんなことはスマートフォンやパソコンで検索できればよいのである。必要なのはＡＩにできないことをやる「対ＡＩ競争力」なのだ。ところが、今回の新・学習指導要領を見る限り、その厳然たる事実を文科省の役人たち（あるいは改訂案をまとめた中央教育審議会）は全く認識していない。これは極めてシリアスな問題である。

テーラーメイドの教育を

これからの教育に求められるのは、児童・生徒一人一人の長所や特性を把握し、それに合わせた個別のプログラムで能力を伸ばしていくことだ。子供たちの将来は答えがすべて違うのだから、教え方もカリキュラムや時間配分も個人によってすべて違うべきなのである。生徒本人の希望を聞きつつ学ぶ意欲をかき立て、その子が２０４０年に活躍している姿を思い描きながら個々の能力を伸ばしていく――。それこそが今後の教育に求められることなのだ。

たとえば、ベルリン・フィルハーモニー管弦楽団コンサートマスターの樫本《かしもと》大進《だいしん》さんのような世界的に活躍している音楽家、あるいは平昌《ピョンチャン》オリンピックで金メダルを獲得した羽生《はにゅう》結弦《ゆづる》さんのような傑出したスポーツ選手を育てるのと同様に、「この子はどうすればもっと能力を伸ばして世界で活躍できるようになるのか」と個別に考えるテーラーメイドの教育をすべきなのだ。

そのためには、２０４０年代にどんな職業が必要なのか、ＡＩに置き換えられないのかということを見極めなければならない。たとえば、ドイツは「デュアルシステム」（義務教育終了後、職業学校に通いながら企業内で職業訓練を受ける二元的なシステム）によって、３５０の職種ごとに専門教育を行なっている。それと同じように、日本も２０４０年代に有力な職種を500くらい想定して生徒を指導していくべきなのである。また、当然それを踏まえて、その指導ができる先生を個別に養成していかねばならない。大量生産・大量消費、欧米に追いつき追い越せの時代とは背景が抜本的に違う。コーチングやメンター的な資質が重要になっていくと思われる。

ところが、文科省が学習指導要領でやろうとしているのはそれと全く逆である。「上から目線」で一律に国語表現4単位、数学Ⅰ3単位、物理基礎2単位……などと規定して、改訂といっても単に今までの延長線上で教師や親の意見を聞きながら微修正しているにすぎない。また、日本版デュアルシステムと称する制度もあるが、その中身は専修学校などを通じた付加的な職業訓練であり、ドイツのそれとは似て非なるものだ。

〝教員本位〟を逆さまにせよ

今回の改訂について「教員の意識をどう改革するか」という報道もあったが、その発想自体が間違っている。

すでに連載などで紹介したデンマークの先進的な教育改革を見ればわかるように、そもそも教科を教える教員は要らなくなる。21世紀は答えのない時代だから、子供たちが皆で考えて議論し、自分で答えを導き出す力を身につけられる教育に転換しなければならない。そこでは教員の役割は無限に小さくなっていくのである。したがって、教員の意識改革などという「上から」の教員本位の考え方は逆さまにすべきなのだ。

その一方で、文科省は近年注目されている「国際バカロレア（ＩＢ）」（※）認定校の拡大も進めている。しかし、ＩＢは学習指導要領や文科省検定教科書の対極にある。ＩＢの認定を受けるためには、学習指導要領に基づいて教えたり、教科書を使ったりしてはいけないのだ。学習指導要領と検定教科書は全体主義的教育の象徴であり、日本人の潜在能力や可能性を冒瀆し、完全に否定するものである。

今回の改訂は「生きる力を育む」というが、その「生きる力」とは何かが文科省は全くわかっていない。泳ぐ能力がない生物が海に放り込まれたら、溺れて死ぬ。それと同様に、新・学習指導要領で育った子供たちの多くは、社会に出た瞬間にシンギュラリティ後の世界に放り出されて、野垂れ死にするだろう。それほど罪深い誤った教育をしているということに、文科省も親たちも気づくべきである。

※国際バカロレア／特色的なカリキュラムと双方向・協働型授業により、グローバル化に対応した素養・能力を育成する国際的な教育プログラム。高校レベルのディプロマプログラム（ＤＰ）は、国際的に通用する大学入学資格が与えられる。

外国人受け入れ

新制度は「日本人の定義」と国家百年の計から考えよ

２０１９年４月、外国人労働者の受け入れ拡大に向けた改正出入国管理法（入管法）が施行された。

２０１８年臨時国会で可決・成立した同法は、深刻な人手不足に対応するために「特定技能１号」「特定技能２号」という在留資格を新設するもの。１号は「相当程度の知識又は経験を必要とする技能を要する業務に従事する外国人向けの在留資格」で、最長５年の在留を認めるが、家族の帯同はできない。２号は「熟練した技能を要する業務に従事する外国人向けの在留資格」で、在留期間を更新することができ、配偶者と子供の帯同も認めるというものだ。

政府が新たな在留資格の受け入れ対象としているのは、建設業、造船・舶用工業、農業、漁業、介護業、外食業、宿泊業、飲食料品製造業、素形材産業、ビルクリーニング業など14業種。受け入れ見込み人数は新制度導入初年度の２０１９年度が３万２８００〜４万７５５０人、同年度から５年間の累計で26万２７００〜34万５１５０人となっている。

だが、この法律は、あまりにも場当たり的でお粗末だ。そうなったのは、これが2019年の統一地方選挙と参議院議員選挙に備えた安倍政権の選挙対策でしかなかったからだ。人手不足に悩んでいる企業や農民・漁民などの自民党支持者から、早く外国人労働者を〝解禁〟してくれないとつぶれてしまう、という陳情が殺到して急ごしらえしたのだろう。

たしかに人手不足は、ますます深刻化している。帝国データバンクによると、全国約1万社が回答した2019年4月の調査で正社員が不足していると回答した企業は全体の50・3%に達し、前年同期から1・1ポイント増加して4月としては過去最高を記録した。2018年の「人手不足倒産」は、前年比44・3%増の153件発生し、3年連続の増加で、2013年の調査開始以来最多を更新。負債総額は223億7700万円に上っている。

それでも、拙速な制度で良しとするわけにはいかない。

人手不足は何十年も前から予測されていた

たとえば、国会審議の段階で、特定技能1号の「相当程度の知識又は経験を要する技能」と2号の「熟練した技能」がどういうもので、それをどのような試験によって判断するのかといった具体的なことは何も示されていなかった。また、受け入れ先から失踪した外国人技能実習生の聞き取り調査でも集計ミスが発覚するなど、急場しのぎで作業を進めていることは明らかだった。まさに安倍政権お得意の〝泥縄式〟なのである。

一方、対する野党は「内容がスカスカのままでは議論のしようもない」（立憲民主党・枝野幸男代表）、「重大問題を明らかにしないまま法案を強行することは断じて許されない。データの公開を徹底して求める」（日本共産党・小池晃《あきら》書記局長）、「奴隷を買うようなものだ。単純労働不足を補うためにおかしな法律を作ろうとしている政府の見識を疑う」（自由党・小沢一郎共同代表／当時）などと反発し、徹底抗戦していたが、結局は押し切られた。

しかし、外国人労働者の受け入れ拡大は日本の将来を左右する大問題であり、選挙対策や政局で議論すべきことではない。

政府は人手不足の見込み人数について、２０１８年11月時点では同法案の対象14業種で58万６４００人、５年後は１４５万５０００人と想定しているが、そもそも日本が人口減少によって人手不足になることは、何十年も前からデモグラフィ（人口統計学）でわかっていたことである。

だから私は１９９３年に上梓《じょうし》した『新・大前研一レポート』（講談社）の「日本を変える法案集」の中で、いち早く移民受け入れ体制の整備を提唱した。母国で義務教育を受けた外国人、言い換えれば自由主義社会の基本的なルールを知っている外国人は移民として受け入れ、２年間かけて技能だけでなく日本語や日本の文化、慣習、法律、社会常識など「日本人」としての教育を無償で提供し、それを修了した人には永住権（アメリカのグリーンカードに相当）を与えて身分を保障すべきだと一貫して主張し続けてきたのである。

「日本人の条件」を規定すべき

では、どうすればよいのか？　私が前述した「日本を変える法案集」の「国籍法」で25年も前に主張しているように、通算10年間も日本で働き、永住を希望する外国人には、2年間かけて技能だけでなく日本語や日本の文化、慣習、法律、社会常識など「日本人」としての教育を義務付け、それを修了した人には永住権（アメリカのグリーンカードに相当）を与えて移民を受け入れていくべきだと思う。

たとえば、ドイツは第二次世界大戦後の１９５０年代以降、人手不足を解消するためにトルコ、ギリシャ、イタリア、ポーランドなどから移民を積極的に受け入れてきた。当初はドイツ人との確執などによるトラブルもあったが、今では国民の５人に１人が「移民の背景」を持つようになり、社会は非常に安定している。

なかでもトルコ人は最も割合が大きく、ドイツ全体で３００万人に達していると言われる。苦労しながら死にもの狂いで働いた1世に教育重視で育てられた2世の中からは、政財界や学術分野などで優秀な人材も登場している。むしろ、今やドイツはトルコ人がいなければ社会も経済も成り立たないほどになっていると言っても過言ではないだろう。

さらに、ドイツで育ったトルコ人が祖国に帰り、経済発展の柱として目覚ましく活躍している。たとえば、トルコ西部イズミルにあるドイツの高級ファッションブランド「ヒューゴ・ボス」の工場は非常に業績優秀なことで知られているが、そこで主力になっているのはドイツから帰国した人たちだ。彼らはトルコ語とドイツ語のバイリンガルなので、トルコとドイツの関係強化にも大いに貢献している。

在日外国人を〝親日〟に変えるべき

日本では、中国人やベトナム人など在日外国人の犯罪が時々クローズアップされるが、外国人労働者が定着して正規の教育課程を経た永住者が増加すれば、親日的な人が増えて国同士の関係も親密になっていくはずだ。それは長い目で見た時の安全保障にもつながるだろう。当初は日本人との間がぎくしゃくするかもしれないが、いずれはドイツのように安定するから、とりあえず人口の10％くらいをターゲットに移民（永住者）を受け入れていく制度を確立すべきだと思う。

前述した外国人に対する2年間の日本適応教育には、戦時中の〝皇民化教育〟を思わせるといった批判的な意見があるかもしれないが、それは違う。

前々項で、成人年齢を20歳から18歳に引き下げるのであれば、高校までを義務教育にして、最後の1年間に社会人としてのルールとマナー、自動車の運転、ファイナンシャルプランなどの知識を教える。それを修了したら、晴れて「日本の成人の条件」を満たした者と認め、成人とすべきだ、と書いた。それと同じように、日本に長く住んで永住を希望している外国人に対しては、私が日本人の高校卒業者に課すことを提案しているような「成人になるための条件」をクリアしてもらうことを要件にすればよいのである。

国立社会保障・人口問題研究所の将来推計（２０１７年）によると、日本の総人口は２０５３年に1億人を割って65年には８８０８万人となり、生産年齢（15～64歳）人口は65年に

４５２９万人にまで減少すると見込まれている。生産年齢人口の減少はＧＤＰの減少、すなわち国家の衰退を意味する。これを反転するには、長期的視野で移民受け入れに本腰を入れるしかないのである。

国民DB抜きでは話にならない

にもかかわらず、いい加減な受け入れ制度や見込み人数で短兵急に事を進める政府も、それを批判したいがために受け入れそのものに反対する野党も、目先の議論しかしていない。

今の与野党の議論で根本的に抜け落ちているのは、「これから日本をどんな国にしたいのか」「日本人の条件とは何か」という本質的な問題である。そしてそれは、やはり私が『新・大前研一レポート』で25年前から主張しているように、全国一律の国民データベース（ＤＢ）を構築し、「日本人」がすべての行政サービスを、いつでもどこでも簡単に受けられるようにすることが大前提となる。

前述のように、国民ＤＢを構築した「ｅガバメント（電子政府）」のエストニアは、スマホ１台で何でもできる。世界のどこにいても「エストニア国民」として権利を行使することができ、選挙の投票や納税、年金、健康保険証、運転免許証、国家資格などの手続きから公共料金の支払いといったことまで可能である。インドも「アーダール」という国民ＤＢ制度に13億人のほとんどが生体情報（指紋、虹彩など）を登録し、それによって一気にキャッシュレス社会に移行した。日本も全く使いものにならないマイナンバーではなく、生体認証付きで運転免許証、保険証、パスポートをセットにした国民DBを構築し、それを基にして外国人労働者の受け入れ制度・システムを作るべきなのだ。

ところが、いま政府がやろうとしているのは、建設業、介護業、外食業、宿泊業や農村・漁村などで外国人を〝奴隷労働〟させようとするものでしかない。それでは失踪する外国人労働者が増えるだろうし、社会の分断や排斥を招いて治安悪化にもつながりかねない。今回のにわか作りの改正入管法は葬り去り、与野党が本質的な「移民」論議を深めていかないと、この国は取り返しのつかない〝劣化〟を招くだろう。

「残念な政策」ランキング 1位はアベノミクス、2位は外交…数え上げればきりがない

章の最後に、これまでの安倍首相の政権運営を私なりに総括して、「残念な政策」をランク付けしてみたい。

ワースト第1位は、間違いなくアベノミクスだ。「大胆な金融政策」「機動的な財政政策」「民間投資を喚起する成長戦略」という〝3本の矢〟で「名目成長率3％」を目標に掲げ、それに合わせて日銀の黒田総裁が「2年で2％」を物価目標にして異次元金融緩和を始めて

マイナス金利まで導入したが、達成できないまま7年近くが過ぎた。3本の矢はすべて的を外れて〝アベクロバズーカ〟は不発に終わり、今後はその後遺症に苦しむことになる。

失敗の理由は、アベノミクスは金利とマネタリーベースをいじるだけの20世紀型経済政策であり、高齢化、ボーダレス化、サイバー化などが進んだ21世紀経済には全く効果がないからだ。とりわけ日本人の「低欲望化」に全く効き目がなかったことは明らかである。7年近くも成果が出なければ、企業経営者でも野球やサッカーの監督でも、とっくの昔にクビである。安倍首相と黒田総裁はいいかげんに失敗を認め、「目標未達」の責任を取るべきである。

第2位は外交政策全般だ。当初、安倍首相は「戦後レジーム（第二次世界大戦後に出来上がった世界秩序の体制や制度）からの脱却」を唱えたが、それを警戒したアメリカ政府に冷遇された。このため慌てて手のひらを返し、アメリカ連邦議会での演説で「日本にとってアメリカとの出会いとは、すなわち民主主義との遭遇でした」と歯の浮くようなおべんちゃらを言うなど、180度変節してアメリカ従属に戻ってしまった。

また、北朝鮮による日本人拉致問題は全く進展していない。安倍首相は真剣に取り組んでいるかのように見せているが、実際はトランプ大統領に金正恩朝鮮労働党委員長への伝言を頼んでいるだけで、安倍政権には事態を打開する手立てが何もない。北朝鮮メディアに「主人のズボンの裾をつかんで見苦しく行動した」と揶揄《やゆ》される始末である。

ロシアとの北方領土返還交渉も完全にロシアペースとなり、日本は手詰まり状態だ。安倍首相はウラジーミル・プーチン大統領と27回も会談していながら、何の成果も出せていないのである。

中国との関係では看過できないミステークがある。中国の広域経済圏構想「一帯一路（※）」に条件付きで協力していく、とした発言だ。

一帯一路は中国の〝新植民地政策〟であり、日本は協力すべきでない。そもそも日本はアメリカや台湾と親密な関係にあるので、習近平の中国と仲良くなることは永遠にできない。喧嘩する必要もないが、この期に及んで中国に媚を売るというのは、あまりに節操がなくてみっともない。

さらに、お隣の韓国との関係は、もはや修復のしようがないほど悪化した。つまり安倍外交は、すべて〝空振り〟なのである（第2章を参照）。

※一帯一路／習近平国家主席が提唱した経済圏構想。中国西部と中央アジア・ヨーロッパを結ぶ「シルクロード経済ベルト（一帯）」と、中国沿岸部と東南アジア・スリランカ・アラビア半島・アフリカ東岸を結ぶ「21世紀海上シルクロード（一路）」の二つの地域でインフラ整備および経済・貿易関係を促進するというもの

新紙幣発表も「選挙対策」

第3位は「働き方改革」だ。この章で指摘したように、「時間外労働の上限規制」「年次有給休暇の取得義務化」「同一労働同一賃金」といったスローガンを掲げた働き方改革は、完全にポイントがずれている。働き方は業種や仕事の内容、個人の事情などによって多様であり、全国一律に規定できるものではない。政府による働き方改革は余計なお世話であり、意

味不明の「プレミアムフライデー」も含めて、重箱の隅をつつく「マイクロ・マネージメント」の最たるものだ。国民は国家の操り人形ではないのである。

第４位は「地方創生」「ふるさと納税制度」。日本国憲法第８章で自治権を否定されている地方が「創生」できるわけはないし、返礼品競争と化したふるさと納税は〝さもしくてセコい日本人〟を生んだだけである。

第５位は「マイナンバー制度」。前述のように、マイナンバーカードは事実上ほぼ利用する機会がなく、税金を無駄遣いしているだけの意味不明な代物だ。

残念な政策は、まだまだある。たとえば「人生１００年時代構想」。これまで高齢者は人生80年くらいと想定し、漠たる将来への不安から蓄えを温存してきたが、いきなり政府から「人生１００年」と言われたら、ただでさえ銀行などにじっとしている個人金融資産１８３０兆円はいっそう強く塩漬けされてしまう。

「国家戦略特区」も目的がさっぱりわからない。共産主義国じゃあるまいし、どこでどんな規制を撤廃するかということは、国ではなく各自治体が決めればよい。

ＡＩを使いこなす人材を２０２５年までに年間約25万人育成するという「ＡＩ戦略」も、全く理解不能である。日本が育成すべきＡＩ人材は25万人ではなく「２５０万人」、もしくは「25人」だ。単にＡＩでアメリカや中国などに後れを取らないようにするためには数百万人必要で、ＡＩ先進国になるためには少数でも傑出した人材が不可欠だからである。

また繰り返しになるが、紙幣のデザイン刷新は明らかに選挙対策だ。前回刷新の際の発表は2年3か月前だったのに、今回は5年前である。麻生財務相は発表のタイミングについて「準備を考えて合計5年の期間が必要だと判断した」と説明したが、準備期間は2年あれば十分だと思う。安倍政権は改元に合わせて発表し、祝賀ムードを盛り上げて選挙を有利に運ぼうとしたのだろう。

要するに安倍政権は、国益と国民生活は二の次、三の次。まず選挙対策ありきで人気取りの場当たり的な政策を乱発し、税金の浪費で延命しているだけなのだ。こんな政権が、日本の歴史の中で最長の記録を塗り替え、これから何年も続いたらたまらない。次の選挙で国民の側から引導を渡すべきである。

第2章

〈空転する外交〉

「自国第一主義」にどう対するか

日米関係

判断基準はすべて金…“トランプ小劇場”の茶番劇を読み解く

アメリカのトランプ政権が、在日米軍駐留経費の日本側負担（思いやり予算／2016〜2020年度で9465億円）を現在の5倍に増額するよう日本政府に要求した、と朝日新聞（2019年7月31日付夕刊）が報じた（菅官房長官は否定）。そのほかにもトランプ政権は、中東のホルムズ海峡などを航行する船舶の安全を確保するための「有志連合」構想に日本の参加を求めたり、日米貿易協定交渉で日本車の対米輸出の数量制限をちらつかせつつ農産物の関税撤廃・削減を求めるなど、日本に対する圧力を強めている。

さらにトランプ大統領は、日米安全保障条約を「不公平だ」「変える必要がある」と批判した。アメリカには日本が攻撃を受けたら戦って守る義務があるのに日本に同じ義務がないのはおかしい（片務的）という主張である。また、日米貿易協定交渉に関しては「（7月の参議院選挙後）大きな進展が予想される」「8月に日米両国にとって非常に良い発表ができると思う」などとツイートし、結局、基本合意した上で、日本はアメリカから飼料用トウモロコシ約250万トンを追加輸入することになった。

だが、こうした対日発言の狙いは見え透いている。

選挙にプラスなら全部「良い人」

まず、安保条約への批判については呆れるばかりだ。なぜ、そのようになったのか、トランプ大統領は安保条約が締結された第二次世界大戦後の歴史的な経緯を全く理解していないし、そもそも東アジアにおけるアメリカの軍事戦略の要である安保条約の破棄や見直しを本気で考えているわけがない。トランプ大統領は日本を「ウォリアー（武士）の国」と呼んでいるが、それはすなわち「武士の国なら、もっとアメリカの武器を買え」ということであり、同時に安保条約を盾に脅しをかけて日本から貿易協定交渉で大幅な譲歩を引き出そうとしているのだ。

つまり、トランプ大統領の判断基準はすべて「お金」なのである。アメリカにお金を払ってくれるのは良い人、お金を払わせるのは悪い人、という単純な図式だ。そして今は2020年11月の大統領選挙しか頭にないから、自分に都合が良くて選挙でプラスになるかどうかだけを考え、前後の脈絡もない独善的かつこま切れの外交政策を展開しているのだ。

たとえばメキシコに対しては、2016年の大統領選でメキシコからアメリカへの不法移民対策として国境沿いに3200キロの「コンクリートの壁」を造るという公約を掲げたが、すぐに予算が足りなくなってコンクリートの壁から鉄柵（鋼鉄のバリアー）への変更を余儀なくされ、その建設も停滞している。

さらに、不法移民対策の不備を理由にメキシコ製品に最大25％（一律5％）の制裁関税を課すと表明した。だが、5％といえども関税をかけるとなると、国境でトラックが何日間も列をなすため、生鮮食品や果物などが届かなくなり、アメリカのスーパーは干上がってしまう。これを知って尻込みし、制裁関税発動を無期限で停止してしまった。

中国との「貿易戦争」では、2019年6月末のG20大阪サミット（主要20か国・地域首脳会議）で中国の習近平国家主席と「休戦」に合意したにもかかわらず、まだ制裁関税の対象になっていない中国からの輸入品3000億ドル相当に9月1日から第4弾となる10％の追加関税を課すと突然発表した（※）。トランプ大統領は中国に対する制裁関税について「これまでのところアメリカの消費者にとって全く負担になっていない」と主張しているが、このまま第4弾の制裁関税を発動すればアメリカの消費者は大きな影響を被《こうむ》ることになり、国民の反発が強まって大統領選のマイナスになるのは明らかだ。

さらにトランプ大統領は、対中強硬派のピーター・ナヴァロ大統領補佐官の主張を受け入れて中国を為替操作国に指定した。しかし、これまたアメリカ企業や消費者への跳ね返りがきつい。しかも、FRB（連邦準備制度理事会）、スティーブン・ムニューシン財務長官、IMF、中国当局などはいずれも為替操作の証拠はない、と発表している。したがって、中国に対するこれらの一方的な制裁は1年もたないのではないかと思う。

また、イランとの衝突が危ぶまれているが、実はトランプ大統領はイランに対して明確な方針を持っていない。だから米軍を中東に追加派兵する計画も〝寸止め〟にしたのである。

むしろ国内政治的には、イランと対峙するサウジアラビアやイスラエルとの関係のほうが重要だ。両国はアメリカの武器を買ってくれる〝お得意様〟であり、イランとの緊張が高まれば高まるほど、武器が売れるからである。イランの脅威を煽るだけ煽り、あとは「米兵の血を流さずに」話し合いで武器商人が満足する形で着地できればよい、と考えているだけだと思う。

※その後、税率を15％に引き上げ、スマートフォンや玩具など6割の品目は、クリスマス商戦への影響を考慮して12月15日まで発動を延期。

もし大統領に再選されたら…

最近のアメリカの〝お得意様〟は台湾だ。台湾はアメリカ政府に戦闘機「F－16」66機と戦車「M1」108両の購入を要請したと報じられた。それかあらぬか、台湾の蔡英文総統が2019年7月に訪米した際はニューヨークでの歓迎式典に厚遇で迎え入れられた。これまでアメリカ政府は「一つの中国」原則を主張する中国に配慮し、台湾総統のアメリカでの活動を原則的に非公式としていたが、今回、トランプ政権は武器を買ってくれる蔡総統の事実上の対外活動を容認したのである。

日本の安倍政権も、これまでに陸上配備型弾道ミサイル防衛システム「イージス・アショア」（2基で総額6000億円超と報道）や、1機100億円以上もするステルス戦闘機「F－35」147機（機体の購入だけで総額約1兆7000億円）の購入を決めてきた台湾以上の〝お得意様〟である。もし、トランプ大統領が北朝鮮の金正恩朝鮮労働党委員長との3度にわたる会談で米朝関係を改善したのであれば、むしろ軍備は縮小すべきはずだが、実際は逆の方向に行っている。おそらく北朝鮮についてトランプ大統領は、大統領選までに核実験やアメリカに届くミサイルの実験さえしなければ多少危機を煽ってもOK、と考えているのだろう。

とにもかくにもトランプ大統領は、来年の大統領選に勝つことしか頭にない。だからまるで自分が司会を務めていたテレビ番組「アプレンティス」のように〝トランプ劇場〟で国民を飽きさせまいとして次から次へと思いつくままに外交カードを切っているのだ。

しかし、すでに手持ちのカードは心細くなり、出てくる施策はどんどん矮小化《わいしょう》して、テレビ番組というよりは〝ツイッター小劇場〟の様相を呈している。そして、もし再選されれば「後は野となれ山となれ」で、大統領職そっちのけでファミリービジネスに再び精を出すに違いない。そんな茶番劇に付き合わされて金蔓《かねづる》にされているのが、仲良しの安倍首相なのである。

世界概観

トランプ的〝ミー・ファースト〟国家は陰路に嵌まる

トランプ大統領が掲げる「アメリカ・ファースト」はますます過激になり、それが世界中に混沌を広げている。

その標的の筆頭が中国だ。米中間の貿易戦争については、後ほど詳しく検証するが、その背景にあるのは中国が急速にプレゼンスを増しつつある現実だろう。たとえば、マイク・ペンス副大統領は２０１８年10月の演説で「中国政府は政治、経済、軍事的手段とプロパガンダを用いてアメリカに対する影響力を高め、アメリカ国内で利益を得ようとしている」「アメリカの民主主義に干渉していることは間違いない」などと激しく非難した。これは米ソ冷戦の始まりを告げたイギリスのウィンストン・チャーチル首相の「鉄のカーテン」演説を連想させるとして〝米中新冷戦〟の始まりを告げるものだと報じられた。

今のアメリカの対中姿勢は、かつて１９２０年代に日本の海軍力にタガをはめるために締結された「ワシントン海軍軍縮条約」以降の封じ込め策を彷彿とさせる。それに反発する中国の右傾化も当時の日本同様、半端ではないレベルに達している。

トランプ政権は、ロシアに対しても中距離核戦力（ＩＮＦ）全廃条約に違反していると批判。ウラジーミル・プーチン大統領は「何ら証拠がない」と反発したが、アメリカは２０１９年２月に条約を離脱した。これも実は、条約に縛られずにミサイル開発ができる中国を牽制することが目的だという見方がある。この〝新冷戦〟は一時的な緊張ではなく、構造的な変化だと考えるべきだろう。

中南米も不安定化が加速

さらに、トランプ大統領が撒き散らした混沌で、中南米も不安定化が加速している。たとえば、ホンジュラスやグアテマラなどの中米諸国から治安悪化や貧困による苦難を逃れてアメリカを目指す「移民キャラバン」。数千人がメキシコのアメリカ国境に到達し、アメリカの州兵などに足止めされて大混乱が起きた。トランプ大統領の「ミー・ファースト（自国第一主義）」により、移民国家のアメリカが移民を拒むという状況が続いている。

南米は、ブラジルが火薬庫だ。「ブラジルのトランプ」と呼ばれる極右ポピュリズムのジャイル・ボルソナロ大統領が誕生したが、南米諸国は「ブラジル・ファースト」だけは許せない。なぜなら、あれほど国土と天然資源に恵まれた国はないからだ。

私はペルーやアルゼンチンなどで同じジョークを聞いた。「なぜ私たちの国は何も持っていないのに、隣のブラジルは天に恵まれたものをたくさん持っているのでしょうか？」と神様に尋ねたら、「心配するな。ブラジル人を与えてある」と答えた、というものだ。つまり、ブラジル人がいる限り、ブラジルは発展しない。そんなブラジル人にのさばられたら南米はおしまいだ、というわけである。「ブラジル・ファースト」の政策は、いま経済的に脆弱になっているアルゼンチンやベネズエラなどに悪影響を与え、南米は一段と不安定になるだろう。

ボーダレス化が生む〝壁〟

もう一つの火薬庫はヨーロッパである。ブレグジット（ＥＵ離脱）問題の渦中にあるイギリスでは、離脱強硬派のボリス・ジョンソン首相が就任。「イギリスのトランプ」の異名をとるジョンソン首相は、早くも本家に負けずに混乱を撒き散らしている。さらに喫緊の問題は、財政危機の不安が高まり、ＥＵから緊縮財政を求められているイタリアだ。加えて、ＥＵの要としてトランプ的な自国第一主義に抗してきたドイツのアンゲラ・メルケル首相は２０２１年の退陣を前に体調悪化で執務に支障をきたしている。そのほかにもフランスのエマニュエル・マクロン大統領に対する抗議デモ拡大、東欧諸国のＥＵに対する幻滅など、多くの国に不安定要素があり、そこに〝ボーダー（壁）〟を築くか否かで揺れている。

さらに世界の不安定化を加速させるのが中東だ。ＣＩＡ（米中央情報局）がジャマル・カショギ記者殺害事件をサウジアラビアのムハンマド・ビン・サルマン皇太子の命令と断定し、事件後にトランプ大統領の娘婿ジャレッド・クシュナー大統領上級顧問がムハンマド皇太子に「難局をどう乗り切るか」を助言していたと報じられた。その一方でトランプ大統領はイラン核合意から離脱し、イランに対する経済制裁を再開したが、今回の「ムハンマド・ショック」で今後の情勢はすこぶる不透明になった。

そして極東アジアでは、北朝鮮の核問題がくすぶっている。得意の「ツイッター外交」によって3回目の電撃的な米朝首脳会談も実現したが、非核化に向けた具体的な道筋はついておらず、トランプ大統領の思考力で問題が解決するとは思えない。その両首脳の間で存在感ゼロのまま、いわば〝ノーガード状態〟で北朝鮮の金正恩朝鮮労働党委員長にすり寄っている韓国の文在寅大統領の言動も理解不能である。

最大の問題は、トランプ大統領が企図している着地点が見えないことだ。「アメリカ・ファースト」と言いながら、実際は国際社会におけるアメリカの立場がどんどん悪くなっている。世界のボーダレス化が進めば進むほど、〝壁〟を築いて「自国ファースト」を求めようとする動きが広がる。しかし、それが結局は隘路《あいろ》になり、世界の混迷が深まってしまうのだ。

米中貿易戦争①

まるで子供のケンカ? 〝報復合戦〟の落としどころを考える

米中貿易戦争が泥沼化の様相を呈している。

〝戦端〟が開かれたのは２０１８年7月、まずアメリカが知的財産権侵害を理由に約５００億ドル相当の中国製品約１１００品目に25％の制裁関税を課すと発表し、そのうち第１弾として自動車や産業機械など約３４０億ドル分（８１８品目）について発動。中国も報復措置として約５００億ドル相当のアメリカ製品約９００品目に25％の関税を上乗せすることを決め、そのうち自動車や大豆など５４５品目（同じく約３４０億ドル相当）についてアメリカと同日に発動した。８月には、アメリカが第２弾として残りの１６０億ドル相当の２７９品目に制裁関税を賦課し、中国側も同額の制裁で対抗した。

さらにアメリカは制裁第３弾として、同年9月に10％の追加関税を課す２０００億ドル規模の中国製品約６０００品目のリストを公表し、２０１９年以降は10％から25％に引き上げるとともに、中国企業の対米投資制限も検討。中国は「断固として反撃する」と表明した。

まさに「目には目を、歯には歯を」で報復関税の応酬が続いたが、２０１８年12月の米中首脳会談でトランプ大統領が追加関税引き上げを90日間猶予すると譲歩。翌年３月の期限を前に両国の交渉がまとまるかと思われたが、その直前になって中国側が合意を拒否。これに激怒したトランプ大統領は、第3弾の対象製品の関税を25％に引き上げたのに続き、前述したように第4弾として残るほぼすべての中国からの輸入品３０００億ドル分についても関税を10％引き上げると表明した。これに対して中国側は、アメリカからの輸入品６００億ドル分への関税率を最大25％に引き上げ、さらに７５０億ドル分のアメリカ製品に５～10％の報復関税を上乗せすると発表。トランプ大統領も、第１弾から第3弾の制裁関税25％を30％に、さらに第4弾の10％を15％に引き上げると表明した。あらゆる報復措置が思いつきレベルで、激化する米中貿易戦争の着地点は、未だ見えない。

「日米」貿易摩擦の教訓

その背景には、アメリカの膨大な対中貿易赤字がある。米商務省が発表した2018年の貿易統計によると、モノの貿易赤字は8787億ドル（約98兆4000億円）で、その半分近い4192億ドル（約46兆9000億円）を中国が占めて過去最大になった。これに大きな不満を抱くトランプ大統領が中国に圧力をかけているわけで、アメリカ側はかつての日米貿易摩擦で〝完勝〟した歴史を米中貿易摩擦でも再現できると考えているのだろう。

だが、トランプ政権は勉強不足であり、対する中国は説明不足だと思う。

日米貿易摩擦は1965年以降、アメリカの対日貿易収支が恒常的に赤字化したことによって始まり、1969年の繊維を皮切りに70年代は鉄鋼やカラーテレビ、80年代は自動車、農産物（コメ・牛肉・オレンジ）、半導体、コンピューターなどがアメリカ政府の標的となった。そして日本はことごとくアメリカの圧力に屈し、自主規制や現地生産の拡大などを受け入れてきた。中国と違って、日本は報復に出ることもなかった。

いま振り返ると、そうやってアメリカに散々いじめられたおかげで、日本は強くなった。たとえば、今や日本の自動車メーカーはアメリカで400万台を現地生産できるようになったし、日本のミカンは品種改良を重ねて美味しくなり、国内市場でアメリカのオレンジを圧倒している。サクランボやピーナッツも、アメリカ産より国産の旨さが広く認識されるようになっている。

この歴史から学べることは三つある。①アメリカは政府間交渉では必ず勝つ、②アメリカの要求通りになっても、アメリカの産業競争力は高まらない、③アメリカにいじめられた国の産業はグローバル化が早まって強くなる――ということだ。当時のアメリカは繊維、鉄鋼、自動車などの産業が国内で雇用を失っていたため、「ジョブ、ジョブ、ジョブ」と叫びながら日本をバッシングして様々な要求を突き付けてきた。しかし、自国内で雇用を創出する解決策は提案してこないから、結果的に日本があたふたしただけでアメリカ自身の産業競争力はつかず、雇用も戻らなかったのである。

当時、私はマンスフィールド駐日大使にこう直言した。アメリカは日本がアンフェアだ、もっとアメリカ製品を買えと主張しているが、何をもってアンフェアと言うのか、きちんと定義してほしい。なぜなら、日本（当時1億2000万人）とアメリカ（同2億4000万人）の人口は2倍の開きがある。仮に国民が相手国の製品を1ドル分ずつ買ったとしても、アメリカに1億2000万ドルの対日貿易赤字が生まれるわけで、日米は同じ土俵に立っているとは言えないではないか――と。これに対し、さすがはマンスフィールド大使、私の見方が正しいと理解を示し、自分の演説でも「大前理論」として言及してくれたのである。

“不均衡”なのはアメリカが買うから

一方、現在の米中貿易摩擦における報復関税の応酬は、そういう冷静な議論をしないで殴り合っている幼稚園児のケンカのようなものである。

そもそも米中貿易摩擦は日米貿易摩擦とは全く質が異なり、類似点は何もない。当時の日本はソニー、トヨタ自動車、本田技研工業、音響・家電各社などが続々とアメリカ市場に進出し、自前のブランドを自分たちでアメリカの消費者に売り込んだ。しかし、いまアメリカでそんなことをやっている中国企業は見当たらない。

要するに、アメリカの対中貿易赤字が4192億ドルにも上っているのは「アメリカが買う」からなのだ。たとえば、アップルはiPhoneなどを台湾の鴻海《ホンハイ》精密工業の中国生産子会社（フォックスコン）に生産を委託してアメリカに輸入している。仮にアップルがアメリカで生産しようとしても、人件費が高すぎるし、部品を調達することもできない。また、現在のアメリカは失業率が3％台になってほぼ完全雇用だから、労働力も足りない。

あるいはウォルマートをはじめとするアメリカの小売企業は、衣料品や家電製品、照明器具、家具など大半の商品を中国から輸入している。それは中国が売り込んだわけではなく、アメリカ企業が世界で最も安くて良いものを探した結果、そうなったのである。

つまり、対中貿易赤字はアメリカ企業の自主的行動の結果であって、中国の責任ではない。アメリカが中国から買うことをやめたり、中国製品に追加関税をかけたりしたら、アメリカ国内の物価が急騰するだけである。

中国は、こうした現実をよく理解していない。報復し返す前に知恵を絞ってそういう構造的な問題を説明すべきなのに、大豆、豚肉、牛肉、鶏肉、自動車といったラストベルト（中西部から北東部の主要産業が衰退した地帯）の〝トランプカントリー〟の産品を狙い撃ちにして追加関税をかけている。このまま報復合戦がエスカレートすれば、ますます激しい貿易戦争になるだろう。

米中貿易戦争②

もし私が「ファーウェイ」のCEOならどうするか？

米中貿易戦争は、日本企業にも多大な影響を及ぼし始めている。たとえば、モーター大手の日本電産は需要の急減により、２０１９年3月期の決算で営業利益が前期比16・9％、純利益が同15・3％も減少し、半導体および半導体製造装置メーカーでも受注キャンセルが相次いでいるのだ。

米中対立の背景には、前述のように４１９２億ドルにも上るアメリカの膨大な対中貿易赤字がある。これに大きな不満を抱くトランプ大統領が中国製品に制裁関税を課し、それに対抗して中国もアメリカ製品に追加関税をかけるという不毛な報復の応酬が続いてきたのである。

アメリカは中国が２０１５年に発表した産業政策「中国製造２０２５」にも警戒感を強めている。これは次世代情報技術や新エネルギー車、産業用ロボットなど10の重点分野と23の品目で製造業の高度化を目指すもので、２０２５年までに「世界の製造強国の仲間入り」を目指している。

実際、中国は急速に技術力を高めている。たとえば「中国のシリコンバレー」と呼ばれる深圳は、世界最大の電気街「華強北《ファチャンベイ》」に電子部品業者が集積しているため、パソコン、スマートフォン、ドローン、ロボット、拡張現実（ＡＲ）・仮想現実（ＶＲ）・複合現実（ＭＲ）などの分野で新商品を研究開発するとなったら、世界でもここしかないという状況になっている。

その中核になっているのが、深圳に本社を置く情報通信機器メーカーのファーウェイ（華為技術）とＺＴＥ（中興通訊）だ。たとえば、携帯電話の基地局はファーウェイ、ＺＴＥ、フィンランドのノキア、スウェーデンのエリクソンが世界市場の9割を握り、２０２０年をめどに商用サービスが始まる次世代移動通信システム「５Ｇ（第5世代）」でも、この４社が激しい開発競争を繰り広げている。

中国が仕掛けた「バックドア」

そういう中で、アメリカがＺＴＥとファーウェイを狙い撃ちにした。まず、イランなどに通信機器を違法に輸出していたとしてＺＴＥを輸出制限の対象に指定する制裁措置を発動（その後、ＺＴＥが罰金の支払いや経営陣の刷新などを行ない制裁解除）。続いて２０１８年12月、ファーウェイの創業者・任正非ＣＥＯ（最高経営責任者）の娘で副会長兼ＣＦＯ（最高財務責任者）の孟晩舟氏を対イラン制裁に違反した商取引に関する詐欺容疑でカナダ政府に要請して逮捕。孟氏とファーウェイを同容疑などで起訴し、ファーウェイ製品の排除を関係各国にも呼びかけた。２０１９年６月の大阪Ｇ20後の記者会見で、トランプ大統領がファーウェイとの取引を容認すると表明したことで流れが変わる可能性も報じられたが、その後この決断は逆転し、追加的に45社ものファーウェイ取引業者も制裁の対象になってしまった。

５Ｇ時代に入ったものの、このファーウェイ問題によって日本でも世界でも大混乱が起きているわけだが、もともとアメリカはファーウェイを敵視していた。任ＣＥＯが人民解放軍出身で共産党員であるという理由でアメリカ市場への参入を拒否してきたのである。

だが、任ＣＥＯは人民解放軍を辞めてファーウェイを創業した人物だし、今から20年以上前にいち早く深圳の本社を訪問・視察して同社の技術力を高く評価していた私は、これまでアメリカ側の警戒は過剰ではないかと思っていた。

ところが、中国が建設したアフリカ連合（ＡＵ）の本部ビル（エチオピアのアディス・アベバ）から大量の情報が上海に送られていたことが発覚した。

報道によると、中国は情報通信システムに「バックドア」（外部からサーバーを操作できるようにする裏口）を仕掛け、ＡＵの情報を盗み取っていたという。そのシステムの一部がファーウェイ製品だったことは想像に難くない。もしファーウェイがＡＵ向け製品にスパイチップを仕込んで中国政府の諜報活動に協力していたのであればグローバル企業失格であり、ゼロからの出直しが必要だ。

グローバル事業を切り離せ

ファーウェイの２０１８年度の売上高は実に約11兆６４７４億円で、「ＢＡＴ」と呼ばれる中国ＩＴ大手３社のバイドゥ（百度）、アリババ集団、テンセント（騰訊控股）の合計売上高をも上回っている。しかし非上場のため、その経営実態は不透明な部分が非常に多い。外国企業は中国市場への参入が難しい一方、ファーウェイやＺＴＥなどは中国国内ではやりたい放題だ。それは結局、両社が政府（＝中国共産党）に恭順しているからにほかならない。

このファーウェイ製品排除の拡大を受けて、「マスコミ嫌い」で知られる任ＣＥＯが世界のマスコミを相手に記者会見し、諜報活動疑惑を否定した。だが、中国では２０１７年に

「いかなる組織および個人も、国家の情報活動に協力する義務を有する」と定めた「国家情報法」が施行され、中国企業・中国人は、好むと好まざるとにかかわらず、政府の情報活動に協力せざるを得ないのだ。顔認証に関しても、その情報は政府と共有しなければならない。となれば、アメリカとその関係国が自己防衛のためにファーウェイ製品を排除するのはやむなし、ということになる。

では、もし私が任ＣＥＯだったらどうするか？　手立ては一つしかないと思う。まず、ＺＴＥと合併して2社に分割し、1社は中国国内の事業に特化した国策会社にする。こちらは中国政府と個人情報などを共有する仕掛けを組み込んだ製品を堂々と販売する。もう1社は海外事業専門の「グローバル・ファーウェイ」にして、製品的にはノキアなどと同じく公明正大なものにする。そのボードメンバーは欧米や日本などの人材でグローバル化する（中国人だけにしない）。そこまで行かないと、ファーウェイが今後もグローバル企業として成長していくことは難しいだろう。

ただし、中国を非難しているアメリカにしても、同じようなことをやっているはずだ。ＮＳＣ（国家安全保障会議）がテロ対策の名目でサーバーを監視（サーベイランス）しているし、エシュロンという英連邦主要国が共同運営する通信傍受システムもある。中国が情報通信を傍受・監視するのはダメだがアメリカはいいというのは完全にダブルスタンダード（二重基準）であり、私はどっちもどっちだと思う。

米中貿易戦争は、一過性のものではなく構造的なものであり、世界の産業構造の変化を理解しないトランプ大統領が退陣するまで続くのかもしれない。

チャイナショック

日本電産・永守会長が警鐘！　世界で進む「尋常でない変化」とは

前項では、米中貿易戦争について「一過性のものではなく構造的なもの」と述べたが、すでに日本企業も大きな打撃を受け始めている。

たとえば、前述したように２０１８年3月期まで8期連続増収・5期連続増益だった日本電産が、２０１９年3月期は一転して減益となった。同社の永守《ながもり》重信《しげのぶ》会長は記者会見で「尋常でない変化が起きた」「11、12月と、ガタンガタンと落ち込んだ」と説明。「米中貿易摩擦に端を発した経済の不確実性が、中国経済を中心とした世界の実体経済に深刻な影響を及ぼしてきている」「中国の次に欧州も悪化のトレンドに入っている」と指摘した。

電子機器用の精密小型モーターや車載用・家電用のモーターなどを開発・製造・販売している日本電産は、いわば経済の先行指標であり、リトマス試験紙のようなものである。永守会長は「米中貿易戦争に伴う需要減は日本電産に限った話ではない」と述べたが、実際、快進撃を続けてきたアップルでさえ、２０１８年10～12月期決算が約2年ぶりの減収減益となった。景気が減速している中華圏（台湾や香港を含む）でｉＰｈｏｎｅなどの売り上げが大きく落ち込んだからだという。そのあおりでiPhone用の液晶パネルを供給しているシャープも2019年3月期決算が大幅に悪化。電子部品関連の京セラ、TDK、ニコン、産業用ロボットなどを手がける安川電機、さらにはソニー、パナソニック、三菱電機、トヨタ自動車、デンソー、アイシン精機なども中国経済の減速で業績低迷を余儀なくされた。

また、トランプ大統領は中国企業だけでなく中国で製造している台湾系企業も標的にしたため、半導体ファウンドリー（受託生産）で世界最大手のTSMC（台湾積体電路製造）や世界3位のUMC（聯華電子）なども割を食う形になって業績が急激に落ち込んでいる。

中国経済に依存している国々が窮地に

中国に限らず、トランプ政権の〝敵対国〟への攻勢は尋常ではない。たとえば、イラン核合意からの離脱に伴い再発動したイランに対する経済制裁では、自動車、原油、海運、港湾などに加え、外国金融機関のイランの金融機関との決済も禁止した。これに違反するとアメリカとの経済活動を制限される恐れがあるため、日本の銀行までもがイラン関連の可能性がある決済には極めて神経質になっている。

ちなみに、銀行間の国際的な決済ネットワーク「SWIFT《スウィフト》（国際銀行間通信協会）」は2018年11月、トランプ政権の対イラン制裁再発動と同時に複数のイランの銀行をSWIFTの国際送金網から遮断すると発表した。その影響で、イランの銀行は送金情報を相手方の銀行に伝えられなくなり、国際的な送金ができなくなるので、イラン経済は大打撃を受ける。

そして、前項で述べたように、トランプ政権は対イラン制裁に違反したとして中国の情報通信機器メーカーのＺＴＥとファーウェイを狙い撃ちにした。これは、日米貿易摩擦の中で１９８７年に起きた東芝機械のココム違反事件（※）と同じような展開だ。当時のアメリカは当事者の東芝機械だけでなく、東芝グループ全社の製品を輸入禁止にするなどして日米間の政治問題に発展した。

さらに、２０１９年３月１日が期限だった米中間の貿易不均衡是正に向けた協議が決裂し、第３弾、第４弾の制裁関税が課された。今後も交渉がうまくいかなければ、アメリカは容赦なく中国製品に対する追加関税を引き上げてくるだろうから、中国および中国経済に依存している台湾、日本、韓国、ドイツなどは、いっそう窮地に追い込まれることになる。

※ココム違反事件／東芝機械がソビエト連邦（当時）に輸出した工作機械によってソ連軍の潜水艦のスクリュー音が小さくなり、アメリカ軍に潜在的な危険を与えたとしてココム（対共産圏輸出統制委員会）規制違反に問われた事件。

あの中国も「低欲望社会」化している

たしかに、中国経済には急ブレーキがかかっている。

中国国家統計局によると、２０１８年の実質ＧＤＰ（国内総生産）成長率は前年比６・６％増で２０１７年の６・８％増を下回り、１９９０年以来28年ぶりの低水準にとどまった。

また、中国の31省・直轄市・自治区のうち、少なくとも23省・市・自治区が２０１９年の域内総生産の成長率目標を2018年の目標から引き下げたという。

ただし、この急減速は米中貿易戦争の影響だけではなく、中国経済の構造的な変化も大きな要因だと思う。それはすなわち、中国の「低欲望社会」化である。

低欲望社会とは、人口減少や超高齢化、リスクを背負いたがらない〝欲なき若者たち〟の増加などによって経済がシュリンクする社会のことで、私の造語である。もとは日本経済の現状を分析・解説したキーワードだが、実は私の著書『低欲望社会』(小学館新書)の中国簡体字版が現地で話題になっている。中国在住の日本人の友人によれば、いま中国も急速に日本と同様の低欲望社会になっているからだという。

その原因は、まず人口の頭打ちだ。中国政府は1978年に始めた「一人っ子政策」を2016年に廃止し、夫婦1組につき2人まで子供を持てるようにした。ところが、出生数は2017年が前年比63万人減、2018年が同200万人減となった。その結果、中国の2018年末の総人口は13億9538万人で、年間の増加は530万人にとどまった。死亡数と出生数の前年比増減幅が2018年のペースで推移した場合、早ければ2021年に中国は「人口減社会」に突入する計算になる、とも報じられている。

もう一つは、若者の〝草食化〟だ。「一人っ子政策」の下で生まれた子供たちの先頭は40歳になっているわけだが、前述の友人によれば、彼らは「シックスポケッツ」(両親と双方の祖父母の合計六つの財布)から金を注がれ、甘やかされて育ってきたため、競争を好まず、欲望も低下している。改革開放政策が始まって以来40年間の高度経済成長下で欲望をみなぎらせて激しく競争してきた従来の中国人とは全く異質な中国人になった、というのである。

したがって、米中貿易戦争が起きていなくても中国経済は減速していた可能性が高く、放っておくと日本と同じように低迷しかねないのである。言い換えれば、中国は現在の状況をトランプ大統領のせいにしたら対症療法しかできないので、低欲望社会化に対する根治療法(原因療法)を間違えるということだ。

世界の「工場」であり「消費大国」である中国がくしゃみをすれば、日本をはじめ世界中が風邪をひく。日本企業は「尋常でない変化が起きた」という永守会長の言葉を重大な警鐘として受け止め、警戒レベルを上げねばならない。

日中関係

中国・習近平が鳴り物入りで喧伝する「一帯一路」の末路

米中関係に亀裂が入りだしてから、中国の対日姿勢に変化が見られるようになっている。尖閣諸島をめぐって対立が先鋭化していた時期は、安倍首相との会談時に笑顔すら見せなかった習近平国家主席が、今では手のひらを返すように日中関係改善に前向きの姿勢を見せている。しかし、ほんの数年前までの日中関係を振り返れば、そこには政治的な打算や思惑が反映されていることがわかる。

そんな日中関係を考える上での試金石ともなるのが、中国が主導する国際金融機関「アジアインフラ投資銀行（AIIB）」をめぐるやりとりだ。

2017年6月中旬、AIIBの年次総会が韓国で開かれた。AIIBは中国政府の現代版シルクロード経済圏構想「一帯一路」を金融面で支える組織だが、このとき日本政府は代表を派遣しなかった。同年5月に北京で開催された「一帯一路」に関する初の国際フォーラムには「首脳級」として親中派の実力者である自民党の二階俊博幹事長らを派遣していたが、依然として日本側は慎重な姿勢を崩さなかった。

同フォーラムには120か国以上から29か国の首脳を含む約1500人が参加した。「一帯一路」構想は、中国西部から中央アジアを経由してヨーロッパにつながる陸路の「シルクロード経済ベルト」（＝一帯）と、中国沿岸部から東南アジア、スリランカ、アラビア半島沿岸部、アフリカ東岸を結ぶ海路の「21世紀海上シルクロード」（＝一路）でインフラ整備や貿易促進、資金の往来などを促進して巨大な経済圏の構築を目指すもので、中国の習近平国家主席が2013年に自ら提唱した鳴り物入りの壮大なプロジェクトだ。

だが、この構想は習主席があたかも現代のアレキサンダー大王かチンギス・ハンを目指すようなものであり、遅れてきた中国版〝新帝国主義〟にほかならない。

実際、すでに中国は海外の港湾施設などを次々に買収している。たとえば、ギリシャ最大の港でアジア・中東地域からヨーロッパへの玄関口にあたる地中海の海運の要衝・ピレウス港は、中国の国営企業で海運最大手の中国遠洋運輸集団（コスコ・グループ）が買収した。

あるいは、パキスタン南西部のグワダル港は、中国が２０１５年から43年間租借することになり、「中国・パキスタン経済回廊」の重要拠点として中国に陸路でつながる道路や鉄道、電力設備、石油パイプラインなどを整備している。同港は、中国にとってインド洋とアラビア海への〝玄関〟であり、「一帯一路」構想における一帯（陸）と一路（海）の合流・結節点となる。

また、モルディブでは首都マーレの島と国際空港がある隣の島を結ぶ橋を中国が無償で建設。他の島でも空港や港湾などを無償で造っている。ただし、中国の航空機や艦船が必要な時には使えるという条件付きだ。つまり、ピレウス港やグワダル港、モルディブは中国の〝今様植民地〟なのだ。

本質は中国の新・植民地政策

かつて西欧列強は、資源や安価な労働力、市場、軍事的・戦略的要地の獲得などを目的にアフリカやアジアを植民地にしていった。一方、今の中国は、国内の高速道路や高速鉄道、空港、港湾、大都市インフラなどの建設があらかた終わり、鉄鋼・機械メーカーや鉄道車両メーカー、セメント会社、建設会社、デベロッパーなどの〝巨大マシン〟が破綻しかかっている。このため、それらの企業を〝人馬一体〟で海外に持っていくと同時に軍事的・戦略的要地を獲得して勢力範囲を拡大しようとしているのだ。つまり「一帯一路」構想は、自国の企業救済と影響力拡大のための新・植民地政策、というのが本質なのである。それは今に始まったことではなく、ＡＩＩＢも同様だ。

では、これから習近平主席はチンギス・ハンほどの権勢を振るうのか？

実際には過去の中国の海外インフラ・プロジェクトでやりきったものは、残念ながらほとんどない。アメリカのラスベガスとロサンゼルスを結ぶ高速鉄道計画ではアメリカのエクスプレスウエスト社が中国鉄路総公司との合弁を解消したし、中国が受注したベネズエラ、メキシコ、インドネシアの高速鉄道計画も軒並み頓挫している。

中国国内の高速鉄道用地は、共産党が人民に貸している土地を取り上げればよいだけなので建設が簡単だ。しかし、海外ではそうはいかない。民間から用地を買収しなければならないので時間がかかるし、そのためにコストも嵩むから黒字化するのは至難《しなん》の業《わざ》である。もともと海外インフラ・プロジェクトはリスクが高く、過去に日本企業が手がけたプロジェクトも、大半が赤字になっている。経験もノウハウもない中国が成功する可能性は非常に低いだろう。

しかも、鳴り物入りで登場したＡＩＩＢに至っては、ようやく２０１７年５月に初めてインドへの融資を承認したというお粗末な状況だ。報道によれば、世界銀行とともに１億６０００万ドルを融資し、アーンドラ・プラデーシュ州の送電・配電システムをグレードアップする無停電電源装置プロジェクトをサポートするそうだが、１００兆円の出資金を集めたＡＩＩＢの第１号案件としては実にしょぼい。その後も、ＡＩＩＢの承認案件は増えているようだが、独自に実施して大きな成果となっている案件は、寡聞にして知らない。

かたや「一帯一路」構想を資金面で支える目的で設立された中国政府系投資ファンド「シルクロード基金」の資金規模は約6兆円。AIIBの100兆円に比べれば〝誤差〟のようなものである。前述した国際フォーラムでも、公正さや透明性に問題があるとして、ヨーロッパ各国が共同声明への署名を拒否したという体《てい》たらくなのである。

安倍首相「協力表明」の思惑

その「一帯一路」構想について、安倍首相は2017年6月に「条件付き」で協力を表明した。条件とは「インフラ整備は万人が利用できるように開かれ、透明で公正な調達が行なわれる」「プロジェクトに経済性がある」「借り入れ国が債務を返済可能な範囲内で財政の健全性を維持しうる」の三つだが、これらは同フォーラムでヨーロッパ各国が懸念した課題にも通じる。「一帯一路」構想に表立って反対の姿勢を見せないことで習近平政権の面子を保ちつつ、引き続き距離を置こうという思惑があると思われる。

かくして、習近平主席はAIIBや「一帯一路」構想のアドバルーンを上げつつ、2017年9月に中国・厦門《アモイ》で開催されたBRICS首脳会議でもその経済効果を強調して、同年秋の中国共産党大会で、総書記の再任（2期目）に花を添えた。さらに、2018年3月の全国人民代表大会では、国家主席の任期を連続2期までに制限する憲法の規定を撤廃し、後継者指名も見送って「一強」体制を強化した。

いったい習近平とは何者なのか？

結果的に中国は、胡錦濤政権の時代の「和諧《わかい》」（調和）社会とは正反対の方向に進んでおり、国家や国民のことはそっちのけで自分の独裁体制を堅固にすることだけに腐心している。しかし、長期政権は腐敗し、独裁政治は悲劇に終わることが過去の歴史で証明されている。側近さえも粛清の対象にし始めた習近平体制は、馬脚を現わしてきた海外プロジェクトとともに破綻する可能性も否定できないだろう。

香港200万人デモ
「連邦」を禁止語にする中国・習近平支配の限界

2019年6月以降、香港で「逃亡犯条例」改正案の撤回を求める市民のデモが続き、毎週末に警官隊と衝突。最大のデモには200万人が参加したとされ、これは香港の人口約750万人の3割近くに相当する。デモ隊に占拠された香港国際空港が全便欠航になるという事態も起きた。

この混乱では、中国共産党支配と一国二制度の歪みが露呈した。香港は1997年にイギリスから中国に返還された際、50年間（2047年まで）は社会主義の中国と異なる資本主義を維持することが約束され、外交と国防を除いて「高度な自治」が認められたが、それを中国は骨抜きにしようとしているのだ。結局、一国二制度はあくまでも中国共産党が許容する範囲内のことでしかないのである。

そもそも逃亡犯条例の改正案自体、歪んでいる。もともとは香港人が台湾で起こした殺人事件がきっかけで、逃亡犯条例の規定により、香港に逃げ帰っていた容疑者を裁判管轄権がある台湾に引き渡すことができないという事態が持ち上がった。そこで条例を改正しようとしたところ、香港政府の林鄭月娥（キャリー・ラム）行政長官は、台湾だけでなく中国本土にも容疑者の引き渡しを可能にするという提案をした。このため、親中国派の林鄭行政長官に対する反中国派の不信が一気に噴き出したのである。

すべては習近平が許容する範囲内

しかし、2015年に香港で中国政府に批判的な本を扱う「銅鑼湾書店《トンローワン》」の関係者5人が中国に拘束されたように、実際にはそういう条約がなくても、中国はしょっぴきたい人間はいくらでも陰でしょっぴいてきた。ならば今回の条例改正は台湾との間の問題だから放っておけばよかったのに、「台湾は中国の一部」という建前から、中国本土を加えさせたため、炎上してしまった。それほど香港人は中国政府のやり方を警戒しているのである。

その一方で、習近平政権は事あるごとに自国の開放性を喧伝《けんでん》している。その背景にはアメリカのトランプ政権の圧力があるが、実際問題として中国は、共産党の独裁政権下で真の

「開放」はできない。

なぜなら、中国のGDPの約30％、国内雇用の約25％を占める国営企業は、生産性が低くて競争力がないからだ。これを整理・合理化すると、失業者の山になってしまうのである。だから現実問題として、本気で開放（経済の自由化）を進めることはできないのだ。

また、中国共産党中央政治局の汪洋常務委員（全国政治協商会議主席）は、中国全土から宗教団体の指導者を集めた座談会で、中国は特色ある社会主義の発展を目指す習近平国家主席の指導の下に宗教の自由を認める、と演説した。これは換言すれば、中国では習近平国家主席が許容する範囲内でしか宗教の自由はないということであり、そういう中国共産党の頸木《くびき》は香港の一国二制度も同様なのである。

現に香港議会（香港特別行政区立法会）は反中国派が立候補できないから親中国派に牛耳られ、2014年の香港政府に抗議する「雨傘運動」も鎮圧された。この上、逃亡犯条例の改正案が成立したら、香港の「高度な自治」が失われてしまうという危機感が、香港市民をデモに駆り立てているのだ。

2019年9月、林鄭行政長官は条例改正案の撤回に追い込まれたが、民主派の市民はなおも民主化の要求を掲げており、今後の情勢は予断を許さない。

封印された中華連邦構想

かつて私は、中国の将来像を俯瞰《ふかん》し、北京を盟主として香港、台湾、シンガポールなどを包含するイギリス連邦的なコモンウェルス構想――「中華連邦（ユナイテッドステーツ・オブ・チャイナ）」というコンセプトを実現するしかない、と提案したことがある。

その心は、イギリスとオーストラリアやニュージーランド、カナダなどとの関係と同様の独立した主権国家から成る緩やかな国家連合（集合体）を構築し、中国の国家主席はエリザベス女王のように君臨するが統治せず、加盟国に政治的な干渉をしない。そういう仕組みを作れば、香港の問題は解決するし、台湾もあえて独立する必要がなくなり連邦に加盟する。

さらにチベット自治区や新疆《しんきょう》ウイグル自治区、内モンゴル自治区にも香港や台湾と同レベルの自治を認めれば、すべてが丸く収まり、中国の発展にもつながると考えたのだ。

私はこのコンセプトを、当時の台湾の李登輝総統に提案し、それを台湾の対中国交渉窓口機関である海峡交流基金会の辜振甫理事長が、１９９３年にシンガポールで開かれた第１回の両岸会議で、中国の海峡両岸関係協会の汪道涵会長らを前に披瀝した。

ところが、これを中国共産党が警戒したらしく、その後、中国国内では「連邦」という言葉が禁じられ、社名に連邦が入っている会社は、強制的に社名変更させられてしまった。「連邦」というのは、異なる発想を許すものだ。アメリカも建国時の13州の意見が一致しなかったからユナイテッド・ステーツになった。しかし、中国共産党はそれを危険視して許さなかったのである。要するに、「千丈の堤も蟻の一穴から崩れる」ということで、自分たちに都合の悪いことはすべて封印しているのだ。

おそらく今回のデモや暴動で、中国政府は反中国派・民主派の香港人に対する監視をいっそう強化しているはずだ。デモ行為に対する人民解放軍の投入まで言及するようになっている。いま習近平政権は海外への送金や現金の持ち出しを厳しく規制しているが、それはその行為が亡命や国外脱出の準備とイコールだからである。

すでに香港では台湾への移住が増えているという。あと28年で香港は完全に中国の一部になるわけだから、このまま中国政府が香港に対する締め付けを強化していけば、反中国派・民主派の香港人の多くは海外に移住せざるを得なくなるだろう。１９９７年の中国返還時には多数の香港人がカナダやオーストラリアなどに脱出したが、それ以来の大脱出がこれから起きるかもしれない。

２０４７年までに中華連邦構想が実現できれば香港は生き延び、急成長している隣の深圳を利用しながら「粤港澳大湾区（グレーター・ベイエリア）構想」（※）の中で新たな発展を遂げることも可能になる。だが、このまま中国に併呑《へいどん》され、許容度が小さい中国共産党の支配下に置かれてしまったら、どんどん活力を失って衰退するしかないと思う。当然、台湾はその姿を見て一国二制度は受け入れられない、ということになり、独立国家としての道を探ることになるだろう。

※広東省（粤）の９都市（深圳、広州、東莞、恵州、仏山、江門、中山、珠海、肇慶）、香港（港）、マカオ（澳）を統合し、世界三大ベイエリア（東京、サンフランシスコ、ニューヨーク）に匹敵するベイエリアに発展させることを目指す構想。

朝鮮半島情勢

トランプと文在寅——2人のトンデモ大統領が巻き起こす激震

２０１８年11月のアメリカの中間選挙は、上院で共和党、下院で民主党が過半数を握る「ねじれ状態」になり、トランプ大統領の暴走にブレーキをかけることとなった。

この結果には、選挙前に米紙『ニューヨーク・タイムズ』が報じたトランプ大統領の脱税疑惑と〝成功物語〟の大嘘が少なからず影響していると思う。

同紙によると、トランプ大統領はニューヨークで不動産業を営んでいた父親のフレッド・トランプ氏（１９９９年死去）から資産を受け継ぐ際、ペーパー会社を設立するなどして家族ぐるみで脱税工作を行ない、現在の価値で少なくとも4億１３００万ドル（約４７０億円）を得ていたという。「不動産王」の異名をとるトランプ大統領はこれまで「父親からは１００万ドル（約1億３０００万円）しか借りず、自力で10億ドル（約１３００億円）の財を成した」と喧伝《けんでん》していたが、それがまさに〝フェイク〟だったわけである。

この報道は、トランプ支持者からすると、最も聞きたくない話だったと思う。

民主党が下院を制したことで、今後は予算承認が必要な案件をトランプ大統領が無理に通そうとすることは困難になるだろうし、状況を見て弾劾の可能性も出てくる。

アメリカの憲法では、大統領は「反逆罪、収賄罪その他の重大な罪または軽罪」で弾劾され、有罪判決を受けた場合は罷免される。弾劾訴追の権限は下院にあり、過半数の賛成で訴追される。これに基づいて上院が弾劾裁判を開始し、3分の2以上の同意で有罪になれば大統領は罷免され、副大統領が大統領に就任する。

1970年代の「ウォーターゲート事件」では、下院の弾劾訴追の動きに抗しきれなくなったニクソン大統領がアメリカ史上初めて任期中に辞任に追い込まれ、フォード副大統領が大統領に昇格した。もし、下院が過半数の賛成で弾劾訴追を決議して上院で弾劾裁判が始まれば——有罪判決には3分の2以上の同意が必要なので罷免のハードルは高いが——トランプ大統領が自ら政権を投げ出してペンス副大統領が大統領になる可能性も否定できない。

そこまでいくかどうかはともかく、これからトランプ大統領の求心力が低下することは避けられない。となると、彼は国民の支持を維持するためにますます議会の承認が不要な外交や通商交渉で暴走するおそれがあり、日本を取り巻く環境も変化するかもしれない。

呆れるばかりの文在寅発言

その兆候は、すでに表われている。

たとえば北朝鮮問題。2018年9月下旬にニューヨークで開かれた北朝鮮に関する国連安全保障理事会閣僚級会合で、日本の河野太郎外相は、従来の議論を踏まえて、北朝鮮の核を含むすべての大量破壊兵器や弾道ミサイルの「完全で検証可能かつ不可逆的な廃棄（ＣＶＩＤ）」の重要性を強く訴えた。

ところが、トランプ大統領はその直後の選挙集会で、北朝鮮の金正恩朝鮮労働党委員長との関係について「恋に落ちた」「非常に気が合う」などと述べ、関係者を呆れさせた。

さらに韓国の文在寅大統領にいたっては、同じく9月下旬の国連総会の演説で、金委員長が非核化に向けて積極的に取り組んでいると評価し、あろうことか「今度は国際社会が北朝鮮の新たな決断と努力に前向きに応える番だ」と国連の制裁決議に反する主張を展開した。これに対し、日本の主要マスコミは通り一遍の報道で、この文大統領の演説の異常さを指摘したところは少なかった。

文在寅は、トランプとは別の意味で、とんでもない大統領だ。ソウルに無数のミサイルやロケット砲が向けられたままなのに、南北軍事境界線上の地雷や銃火器、監視所を撤去したことを〝非武装化〟と称して、いきなり南北統一に向かおうとしている。その前年まで核実験や弾道ミサイル実験を強行していた金委員長を「誠実で、経済発展のために核兵器を放棄すると私は信じている」と無防備に信用する発言もしている。

しかも、金委員長の祖父・金日成主席が抗日パルチザンの根拠地とし、父・金正日総書記が生まれた場所とされる「（偽りの）革命の聖地」白頭山まで行って「南側（韓国）の国民も、白頭山を観光で訪れることができる時代が来ると私は信じている」と述べたという。これは捏造された〝金王朝〟による独裁体制の正当性を認めたようなものであり、呆れてものが言えない。

金委員長が考えを改めたとか過去の経緯を謝罪したわけでもないのに、一方的に受け入れている。これでは、いわば〝できちゃった婚〟状態ではないか。

南北統一で「敵は日本」？

韓国人はよく「南北が一緒になれば、日本を超える」「韓国が北朝鮮と統一して軍事費の負担がなくなれば、やがて日本を経済的に超えることができる（平和経済論）」「だから統一朝鮮ができたら、日本人は困るでしょう？」と言う。

一般の日本人には韓国と競争しているという意識があまりないので困るも何もないのだが、結局、南北が一緒になった場合の〝仮想敵国〟がどこかといえば、中国やロシアのはずはないから、日本しかない。北東アジアで日韓が日本海を挟んで敵対することになる、という想定なのだろうか。

さらに、日韓関係の悪化に追い打ちをかける「元徴用工」問題が起きた。韓国大法院（最高裁）が、新日鐵住金に韓国人の「元徴用工」４人に対する損害賠償の支払いなどを命じる判決を確定させたわけだが、この問題は１９６５年の日韓請求権協定で「完全かつ最終的に解決」されている。同協定に反する大法院の判決は前代未聞であり、まぎれもない国際法違反なのだ。

一方、この４人に関して調べてみると、当時の日本での給与が朝鮮半島の２倍近くあったために「官斡旋《あっせん》」という形で募集されていた案件に自ら応募してきたという。これは日本政府によって強制的に「徴用」されたとは言い難い、かなり本質的な前提条件の確認が必要なケースと思われる。

今の韓国大法院の金命洙長官を指名したのは文大統領だから、今回の判決に日本を〝敵視〟する文大統領の意思が働いたことは間違いないが、韓国は「国際法や国際条約を蔑《ないがし》ろにする国」だと白ら白日の下にさらしたようなものである。

トランプ大統領と文大統領の独善的な外交によって、日米韓の結束はバラバラになりつつある。米中対立の余波で日中関係が改善に向かうと見る向きもあるが、まだまだ中国の立ち位置は信用できるほどには安定していない。ここで日本は、あらためて自国の地政学的な位置を見つめ直し、新たな太平洋・極東アジアの外交および安全保障政策を根本から練り直すべきだろう。

日韓関係①

レーダー照射、元徴用工…韓国発の問題は「放っておく」のが賢明

日本と韓国の溝がますます深くなっている。2018年、韓国大法院（最高裁）が日本企

業に賠償を命じた「元徴用工」訴訟問題や、海上自衛隊の「P－1」哨戒機に対する韓国海軍駆逐艦の火器管制レーダー照射事件をめぐり、2019年に入っても両国政府のいがみ合いが続き、まともな話し合いができていないのだ。

しかも韓国は2019年1月に公表した2018年版『国防白書』で、日韓が「自由民主主義と市場経済の基本的価値を共有している」という表記を消し、その一方で北朝鮮についてはこれまで用いてきた「我々の敵」という記述を削除。代わりに国名を特定せずに「我が軍は韓国の主権、国土、国民、財産を脅かし、侵害する勢力を我々の敵とみなす」と表記した。まるで元慰安婦問題や竹島問題に加え、元徴用工問題、レーダー照射事件で対立している日本を〝仮想敵〟に設定したかのような表現変更である。

こうした動きに安倍政権は苛立ちを隠さず反論し、それに対して韓国の文在寅政権も態度を硬化させる場面が繰り返されている。

たとえば、元徴用工問題で日本政府は、韓国政府に日韓請求権協定に基づく協議を要請して「30日以内」に回答するよう求めたが、韓国政府はそれを拒否。文大統領は日本政府に「謙虚な姿勢」を求めた。レーダー照射事件でも、韓国は事実関係を認めて謝罪するどころか全面否定し、日本が実務者協議の中でレーダー情報の相互開示を提案すると、「無礼だ」と非難した。日本側は音声公表後に協議打ち切りを宣言したが、なおもつばぜり合いが続き、日韓関係はもはや修復不可能との世論も高まっている。

とはいえ、現在のような日韓関係の悪化は全くの予想外だったわけではない。

私は3年以上前の雑誌連載で、朴槿恵政権が慰安婦問題の「最終的かつ不可逆的な解決」に合意したことを〝雪解けの兆し〟とする見方に対して、なおも完全解決からは程遠く、日韓関係の好転は期待できないと注意喚起した。その上で、「日本は急いで韓国との距離を縮める必要はなく、韓国の態度が根本的に変わらない限り、放っておけばよい」と書いた。結果的にその〝予言〟は当たり、慰安婦合意は文在寅政権で反故にされたばかりか、元徴用工問題と韓国海軍駆逐艦による海上自衛隊哨戒機への火器管制レーダー照射事件、さらに日本政府が韓国を輸出優遇措置がある「ホワイト国」から除外し、それに対する報復措置として韓国政府がGSOMIA《ジーソミア》（日韓軍事情報包括保護協定）の破棄を日本政府に通告したことなどで、むしろ日韓関係の悪化はエスカレートしている。

では、これから日本はどうすべきか？　結論を先に言えば、今回の私の提案も以前と同じだ。安倍首相や菅官房長官のようにカリカリせず、放っておけばよいのである。そう考える理由はいくつもある。

「国交断絶」は得策ではない

たとえばレーダー照射事件では、韓国国内のブログを見ると、マスコミ報道とは別の本音が見えてくる。「韓国海軍と海洋警察庁は北朝鮮漁船に給油か瀬取り（洋上取引）をしていたらしい」「韓国の漁船は助けないのに北朝鮮漁船は助けるのか」「国連制裁決議違反を咎《とが》められないよう、焦って自衛隊機を追い払ったのでは」などといった意見が寄せられている。

韓国世論は意外にネットの中では健全であり、多くの国民は韓国政府の対応に疑問を持っているのだ。しかし、だからこそ韓国政府はレーダー照射を頑《かたく》なに認めないのだ。

また、新日鐵住金や三菱重工業が損害賠償を命じられた元徴用工問題については、韓国国内で高い関心を持っているのは一部の国民だけであり、慰安婦問題ほどには盛り上がっていない。「ホワイト国」外しやGSOMIA破棄通告に至っては、韓国内の世論は二つに割れている。

そもそも元徴用工は、前述したように、当時の日本の給料が朝鮮半島の2倍近かったために「官斡旋」という形で募集されていた案件に自ら応募してきた可能性があるという。そうであれば、日本政府によって強制的に「徴用」されたとは言い難く、本質的な前提条件の調査・確認が必要なケースと思われる。

さらに、2018年暮れには元徴用工ら1103人が1人当たり約1000万円の賠償を自国政府に求めてソウル中央地裁に集団提訴した。文在寅政権にとって元徴用工問題は、いわば〝ブーメラン状態〟となって自分に返ってきているのだ。

新日鐵住金や三菱重工業だけでなく、今後も続々と日本企業が訴訟の対象になるというが、たとえ日本企業が韓国国内の資産を差し押さえられたとしても、その影響は限定的である。

たとえば新日鐵住金の場合、韓国鉄鋼大手ポスコと設立した合弁会社で保有している約234万株のうち、一部原告への賠償額に相当するとみられるのは約8万1000株と報じられている。場合によっては、提携関係を見直すという選択肢もある。差し押さえを機に、日本企業が韓国から撤収するような事態が相次げば、困るのは韓国のほうだろう。

逆に、日本の一部では韓国に対して「国交断絶」や「ビザなし渡航の制限」まで叫ぶ向きもあるようだ。しかし、それは得策ではないと思う。なぜなら、韓国国民の中には政府の姿勢と関係なく、日本に来たがっている人が多いからだ。

日本政府観光局（ＪＮＴＯ）の統計によると、２０１８年の韓国からの訪日観光客は前年より約40万人増えて約７５４万人。これは中国の約８３８万人に次いで2番目に多く、総数（約３１１９万人）の24％を占めている。つまり、国民レベルでは「親日」が続いているわけで、断交やビザなし渡航の制限で損をするのは日本なのである。まさに〝お客様は神様〟であり、それを減らすような行為は国益に反するのだ。

その後、２０１９年7月に日本政府が輸出規制の強化を発表したことで、訪日旅行のキャンセルが相次いでいるが、依然韓国政府の対応にも批判の声が多く、今後の展開はまだ見通せない。

国民に嫌われる可哀想な国

何よりも韓国は、国を脱出したいと考えている国民が（おそらく先進国中で最も）多い国だということを念頭に置かねばならない。

すでに連載や著書で指摘してきたように、実は韓国人の多くは自国が大嫌いだ。なぜなら、縁故採用が跋扈《ばっこ》しているためにカネとコネがない人間にとっては夢も希望もなく、財閥系大企業の社員や官僚にならないと豊かな生活ができないからだ。その理不尽な現実を非難する「ヘル朝鮮（地獄の朝鮮）」という言葉があるほどで、そこまで自国民に嫌われているということは、考えてみれば「可哀想な国」なのである。だから隣の日本を〝外敵〟にして悪く言わないとやっていられないのだ。しかも韓国は「国民情緒法」（※）が支配しているとも揶揄される国柄だ。そういう国に対して日本側が正論で対応したり、痛いところを突いたりしたら、逆ギレされるのがオチである。

放っておいても日本にとって実害はほとんどないし、インバウンドの4分の1を占めるありがたいお客さんなのだから、静観するのが最も賢明な選択なのだ。

※国民情緒法／国民世論次第で判決が決まるなど罪刑法定主義が崩れがちな韓国の社会風潮を皮肉った言葉。国民情緒に沿うという条件さえ満たせば、行政・立法・司法は実定法に拘束されない判断・判決を出せるという意味。

日韓関係②

韓国はなぜ今、「日本叩き」に躍起になっているのか？

2019年2月のアメリカのトランプ大統領と北朝鮮の金正恩朝鮮労働党委員長による2

回目の米朝首脳会談は、物別れに終わった。その後、同年6月にはツイッター外交を使って電撃的に3回目の首脳会談が実現したが、2月の時点では米朝対話の機運が一気に萎《しぼ》んだ印象だった。当時、対談したトランプ大統領・金委員長以上に、この結果に最も落胆していたのは、韓国の文在寅大統領だったのではないだろうか。

それかあらぬか、産経新聞（２０１９年3月2日付）によると、文大統領は3月1日に行なった「三・一独立運動」の１００周年記念式典での演説で、慰安婦や徴用工、独島《ドクト》（竹島の韓国での呼称）の問題には触れず、「朝鮮半島の平和のために日本との協力を強化する」と宣言したという。米朝首脳会談の決裂により、文大統領が目論んでいた開城《ケソン》工業団地や金《クム》剛《ガン》山《サン》観光など南北経済協力事業の再開（ひいては南北朝鮮統一）が遠のいたため、国内の世論や経済への影響を危惧し、悪化し続ける日韓関係にとりあえず歯止めをかけようと考えたのではないか。

実際、日韓関係は日増しに冷え込み、改善の兆しが全く見えなくなっている。前述した元徴用工問題や日韓合意に基づく元慰安婦のための財団の一方的な解散、海上自衛隊哨戒機に対する韓国海軍駆逐艦の火器管制レーダー照射問題に加え、文喜相国会議長が元慰安婦への謝罪は「天皇が望ましい」「その方は戦争犯罪の主犯の息子」などと発言したことで、日本の対韓世論は悪化の一途をたどっている。

韓国の反日運動は今に始まったわけではないが、このところ立て続けに日本に難癖や言いがかりをつけているのは、歴史教科書問題や竹島問題のような日本側の動きに対する反発というよりも、「韓国発」の盛り上がりである。

たとえば、慶尚南道《キョンサンナムド》教育庁は庁舎前にあった日本の学名がついたヒノキ科の常緑針葉樹「カイヅカイブキ」を別の場所に移し、その跡地に韓国固有の松を植えた。「カイヅカイブキは日帝時代の残滓《ざんし》」と指摘する韓国メディアの報道が続いたからだという。

また、忠清南道《チョンチョンナムド》教育庁は道内の小中学校・高校29校に掲示されていた日本人校長の写真や日章旗、刀を差した日本人教師の写真を撤去する、と報じられた。こちらも理由は「日帝残滓の清算」である。

なぜ、いま韓国でこれほど反日運動が激しくなっているのか？　その背景には、朴正煕・朴槿恵父子の親日政策が韓国を〝二等国〟にしたというレトリックと、北朝鮮との南北統一に向けた文大統領をはじめとする左派韓国人の〝高揚感〟がある。

戦後一番の〝高揚感〟

文大統領は2回目の米朝首脳会談を前にしたトランプ大統領との電話会談で、南北の鉄道・道路連結や経済協力事業の活用を申し出た、と報じられている。事実上の制裁緩和につながることを米朝首脳会談の議題にするよう提案したのである。

もし、文大統領の思惑通りに南北統一へと進んだら「ユナイテッド・コリア」として南北連合政府を作ることになるだろう。だが、今のところ、その統治機構がどのような形になるのか、という絵は全く描けない。北朝鮮でも民主的な選挙でユナイテッド・コリアのトップを選ぶことになり、南北の鉄道・道路が連結されて人や情報の交流が進めば、いずれ国民の本音が出てくるはずだ。となると〝暴君〟の金委員長が北の代表に選ばれることはないだろう。

金委員長もそれがわかっているから、アメリカに対して「体制の保障」を要求し、かつてのカンボジアのシアヌーク国王のような中国亡命の道を模索しているのではないかと思う。

そして、そうなれば、韓国に〝核付き・金正恩抜きの労働植民地〟が転がり込むことになる。言い換えれば、核武装した人口7700万人の南北統一国家が誕生するわけで、その高揚感が現在の「日本恐るるに足らず」という気運の高まりにつながっているのだ。

私はこれまで仕事や講演などで韓国を200回以上訪れているが、韓国の友人たちと酒を飲むと、酔っ払った彼らはしばしば「南北統一が実現すれば、核戦力と安い労働力が自分たちのものになる」というシナリオを口にしていた。それが目の前に見えてきたから、いま韓国で急に反日運動が盛り上がっているのである。

前項で、韓国で起きている問題については「放っておいても日本にとって実害はほとんどないし、日本に年間754万人も来てくれるありがたいお客さんなのだから、静観するのが最も賢明な選択だ」と述べた。この主張は、韓国の『中央日報』日本語版（2019年2月11日配信）でも紹介された。だが、それは現実を無視すればよいということではない。日本が過剰に反応して非難の応酬を繰り返したり、ビザなし渡航の制限や国交断絶などを叫んだりして火に油を注ぐべきではない、という意味だ。前述したように、多くの韓国人は自分の国が大嫌いだ。そういう歪んだ劣等感を持つ彼らがこれからどう動くか、冷静に注視すべきなのである。

なぜなら、統一コリアにとっての〝仮想敵〟は日本だからだ。核保有国の中国やロシアと喧嘩するはずがないし、統一後に在韓米軍が撤退したら、反米感情も下火になるだろう。となれば、核ミサイルのターゲットは日本しかない。核保有国になることで日本の優位に立ち、いつでも寝首をかくことができるわけだ。その〝妄想〟があるから、韓国人は戦後70余年で最も気分よく高揚しているのだ。

この現実に日本は危機感を持ち、アメリカはもとより台湾や東南アジア、オーストラリアなどと連携・結束して、統一コリアの誕生に備えるべきである。

日韓関係③

「次の次」を考えない韓国・文在寅大統領の〝浅はかさ〟

日韓関係が冷え込み、過去最悪の状況になっている。周知の通り、日本が半導体やディスプレイの製造に必要な化学材料3品目（フッ化ポリイミド、レジスト、フッ化水素）の韓国への輸出規制を強化し、いわゆる「ホワイト国」から韓国を除外したことをめぐり、両国政府間で非難の応酬が続いているのだ。

韓国では、日本製品不買運動や訪日旅行自粛、在韓日本大使館への抗議行動など反日の動きが報じられ、文在寅大統領もこの輸出規制強化が「日本経済により深刻な打撃を与えることになる」と警告、報復措置としてGSOMIA破棄の通告に至った。しかし、日本側にすべての責任を押しつけるかのようなこうした姿勢は、文大統領の浅はかさの証明でもある。

実際、韓国メディアの報道を見ていると、この輸出規制強化の対象になった化学材料3品目は、前年の元徴用工訴訟後に日本側が取る対抗措置の例として韓国国内でも指摘されていたもので、そこを今回見事に突かれたという意見や、今後は日本に頼らなくて済むように韓国でもそれらの化学材料を開発すべきだといった意見が交錯している。また、一般国民はともかく識者の間では、日本政府を批判するよりも韓国政府の無策をなじるトーンが多い。韓国政府は日本政府と真摯に話し合いをすべきだという意見もけっこうある。

加えて、日本政府が韓国を「ホワイト国」から除外した措置は、文在寅政権が北朝鮮に対する国連制裁決議違反を疑われるような動きをしたり、従来の日韓の友好協力関係をご破算にするような対応を続けている以上、正しい判断であり、当たり前の対抗策だ。

文大統領の政治的ポジションは、はっきりしている。金大中・盧武鉉両元大統領に倣い、「南北統一」が祖国の願いと言って憚《はばか》らない。さらに、朴正熙元大統領や朴槿恵前大統領などの親日政策が誤りだったとして、これを正す「親日清算」を政治課題の一つにしている。

一方、日本政府は今回の輸出規制強化について「(韓国側に)不適切な事案があった」からであり、元徴用工訴訟問題に対する「報復（対抗）措置ではない」としている。だが、私はむしろ元徴用工問題に加えて、このところ日韓関係を悪化させる要因となった韓国海軍駆逐艦による海上自衛隊哨戒機への火器管制レーダー照射問題や元慰安婦のための財団を一方的に解散した問題などを含め、文大統領の〝政治的体臭〟から発生しているすべてを絡めて議論したほうがよいと思う。

韓国の繁栄はいかに築かれたのか

なぜなら、日本がそれらの問題を俎上に載せ、正々堂々と国際的な衆人環視のリング上で透明な戦いをすると宣言したほうが、日本人にも韓国人にもわかりやすいからだ。そうすれば、これまで日本に対してまともな対応をしてこなかった文大統領も、リングに上がって真正面から打ち合うしかない。その結果、日本政府と韓国政府のどちらが正しいのか、両国民と世界に判断してもらうべきだと思うのである。

外交というものは「次」の展開だけでなく、「次の次」まで考えて様々な布石を打っておかねばならない。ところが、文大統領の言動を見ていると、先の展開を何も考えていないのではないかと思わせるほど、その対応は浅薄でお粗末だ。

そもそも、国際社会における現在の韓国の地位はいかにして築かれたものなのか。それは、西側陣営に入ってアメリカと同盟を結び、日本の技術や製品に学んだり日本の部品や機械を利用したりしながら、中国の巨大な市場と安価な労働力を活用することで、輸出大国としての今日の繁栄を築くことができたのである。しかし、そうした歴史を忘れた文大統領は、まるで自力で繁栄したかのように振る舞い、日本叩きや国内の親日派叩きに躍起となっている。そうすれば支持率が上がるからで、実際、2019年7月中旬の世論調査では47・8％から50・7％に上昇している（8月下旬は側近の不正疑惑で46・2％に下落）。

文大統領は、任期中に南北統一を実現し、金大中元大統領のようにノーベル平和賞を受賞したいと考えている、と言う識者もいる。だが、その実、統一後のビジョンや構想はゼロである。

たとえば、北朝鮮の金正恩朝鮮労働党委員長が本当に信頼できる人物なのか、仮に統一交渉がまとまったとしても彼にそれを履行する意思と能力があるのか、という最初にクリアすべき根本的な問題について、文大統領は考えたことがないと思う。さらに、「ユナイテッド・コリア」が誕生した場合、その統治機構がどのような形になるのか、誰がどういう手続きでトップに就くのか、ということについても具体的な構想を持っていないと思う。

やはり放っておけばよい

それかあらぬか、文大統領は、金正恩委員長からもアメリカのトランプ大統領からも軽んじられている。現に、2019年6月30日に板門店で開かれた3回目の電撃的な米朝首脳会談で文大統領は蚊帳《かや》の外だった。仲介役のはずなのに、ただ脇に立って2人の会談を報道陣と一緒に見ているだけで全く存在感がなく、会談会場になった韓国側施設「自由の家」の主人にすら見えなかった。

とはいえ、今後も文大統領の対日姿勢が変わることはないだろう。なぜなら文大統領は、そもそも祖国分断の悲哀を作った原因は日本の植民地政策であり、それが尾を引いたまま東西冷戦の中で朝鮮戦争が起きたのだから、日本は朝鮮民族に対して〝原罪〟を負っているという思想で頭のてっぺんからつま先まで固まっているからだ。

これは1965年に結ばれた「日韓請求権協定」で両国およびその国民の間の請求権に関する問題は「完全かつ最終的に解決された」とする日本政府のスタンスとはかけ離れたものであり、この文大統領の信条や歴史認識が彼の〝行動規範〟につながっている。というわけで、いくら日本政府が文句を言ったり対抗措置や報復措置を繰り出したりしたところで、全くポイントがずれてしまうし、問題の解決にもならないのだ。ここが今回、日韓関係がこじれて悪化の一途をたどっている最大の原因だと思う。

とはいえ、前述したように韓国国内の識者の間では文政権の無策や対応のまずさを批判する声も上がっている。これは文大統領も気にせざるを得ない。したがって、私はすでに雑誌連載などで繰り返し述べているように、いま起きている「韓国発」の問題は基本的には放っておけばよい、という意見を変えるつもりはない。文大統領の任期が切れる2022年5月9日まで、毅然として様子見を続ければよいのである。

北方領土問題

「次の次」を読めば見えてくる日露関係改善のための〝最適解〟

外交は常に「次の次」を考えなければならないという観点からすると、北方領土問題を抱える現在の日露関係はどうなのか。

報道によると、「北方領土の日」の２０１９年2月7日に開かれた北方領土返還要求全国大会のアピール文から、例年使われてきた「北方四島が不法に占拠され」という文言が消えたのである。北方領土返還要求運動の原点の地・北海道根室市の大会でも、シュプレヒコールから「北方領土は日本の領土だ」「北方領土を返せ」という言葉が消え、参加者の鉢巻きも「返せ！　北方領土」から「日露平和条約の早期締結を」に変わった。

その理由は、安倍首相とロシアのプーチン大統領が２０１８年11月、平和条約締結後に歯《はぼ》舞《まい》群島と色丹《しこたん》島を日本に引き渡すと明記した１９５６年の日ソ共同宣言を基礎に平和条約交渉を加速させることで合意し、日本政府が従来の四島一括返還から歯舞群島と色丹島の二島先行返還を軸に進める方針に転換したからだ。

実際、安倍首相は前述の全国大会の挨拶で、前年まで使っていた「北方四島の帰属の問題を解決」という表現を封印。国会答弁でも、北方四島についての表現を「我が国固有の領土」から「我が国が主権を有する島々」に変更した。平和条約交渉を進めるため、官民ともにロシア側を刺激しないよう配慮しているわけだ。

ラブロフ外相の正論

そもそも四島一括返還は、日ソが平和条約を締結して接近することを警戒したアメリカの意向に基づく実現不可能な要求である。それをアメリカに隷従する外務省が、あたかも金科玉条のように仕立てて国民に信じ込ませてきたにすぎない。

一方、ロシアのセルゲイ・ラブロフ外相は「何よりもまず、日本側が南クリル（北方領土のロシア側の呼称）の島々はすべてロシアに主権があることも含めて第二次世界大戦の結果を認めることが第一歩だ」「北方領土という呼称は容認できない」と指摘しているが、それは正論だ。1951年のサンフランシスコ講和条約には「日本国は、千島列島に対するすべての権利、権原及び請求権を放棄する」と書いてあり、この「千島列島」に北方四島が含まれているか否かが争点になってきたわけだが、結局、領土というのは戦争で奪い取るしかない。かつて領有していたとか、終戦後に不法占拠したといった主張があっても、歴史を議論して領土問題が覆った例はないのである。したがって日本は、ロシア側の事情と自国の国益を天秤にかけながら、速やかに二島先行返還の次のステップに進むべきだと思う。

ただし問題は、日本政府に二島先行返還後の具体的な統治ビジョンがあるのか、ということだ。「次の次」を見据えた現実問題として、歯舞群島と色丹島を返してもらってどうするのか？　二島に移住したい日本人がどれだけいるのか？「千島歯舞諸島居住者連盟」のＨＰによれば、元居住者５８７９人の平均年齢は今や84・3歳に達している（２０１９年６月末現在）。そんな状況下で二島返還後に実際に移住するのは、かなり難しいだろう。

非武装中立の信託統治を

では、歯舞群島と色丹島を返してもらうメリットはどれほどあるのか？　たとえば１９７２年の沖縄返還の場合は、日本人が約96万人も居住していたので、非常に大きな意味があった。しかし、歯舞群島にはロシアの警備隊が駐留しているだけだし、色丹島には約３０００人のロシア人が住んでいるが、日本人は１人もいない。そこを取り戻すメリットは、漁業権の範囲が拡大することくらいだろう。

私は２０１７年、北海道をオートバイでぐるりと巡ったが、どこもかしこも広大な〝空き地〟ばかりだった。離島の利尻島、礼文島、奥尻島も有効利用されているとは言い難い。もし、歯舞群島と色丹島に加えて国後《くなしり》島、択捉《えとろふ》島も返還されれば、そのぶん行政府は解決しなければならない難題が山積みとなるが、それに備えた明確な統治ビジョンが日本政府にあるとは思えない。

たとえば安倍首相は記者会見で、二島が返還された場合にロシア人の島民をどうするのかという質問に対して「理解してもらうしかない」と答え、これにロシアが猛反発した。なぜなら、ロシアはバルト三国で苦い経験をしているからだ。1991年のソ連崩壊後もバルト三国にはロシア系住民が6〜30％くらい残っており、この人たちが今、いじめ抜かれているのである。

同じ轍《てつ》を踏まない方策として、日本は北方四島に居住しているロシア人に「三つの選択肢」を与えるべきだと私は主張してきた。それは、①希望する人には日本国籍を付与する②ロシア国籍のままでも日本の年金や健康保険などの制度を利用可能にする③ロシア本土に移住したい人には費用を負担する——というものだ。そういう提案をすれば、ロシア側も受け入れやすいと思う。これは特別な扱いではなく、戦後、日本が在日外国人に対して行なってきたことと同じである。

ただし、返還後の北方領土の統治に対するロシアの意向は〝沖縄方式〟だ。つまり、施政権（立法・司法・行政の三権を行使する権限）は日本に返すが、軍政はロシアが維持する、ということである。返還したら日米安保条約に基づいて米軍が駐留してきた、というのでは、ロシア国民が納得しない。一方、現状で南クリルに日本人は住んでいないのだから、日本側には施政権をもらって沖縄方式にする意味がない。

それならいっそ、平和条約締結と二島先行返還を交渉の入り口にしながら、最終的には四島をかつての北マリアナ諸島やパラオのような国連信託統治形式で日露共同の「非武装中立地帯」にするのがよいのではないか。それならアメリカも受け入れやすいだろうし、国後島の南に広がる豊穣の海での漁業も可能になる。四島とサハリン（樺太）、極東ロシアで日露がエネルギー分野を中心に経済協力を推進すれば、世界中から投資や産業を呼び込めるし、観光資源としても大きな可能性を秘めている。

安倍首相は、日本にとってあまり意味のない二島先行返還を選挙対策に利用するのではなく、どうすればそれが真の国益になるかということを考えて、平和条約を主眼としたロシアとの交渉を進めるべきである。

グローバル政府

G20、APEC…頻繁に開かれる国際会議に何の意味があるのか

いったい何の意味があるのか――そんな疑問を抱かせるのが、近年のサミットをはじめとする首脳や閣僚の国際会議だ。2019年6月末に開かれたG20大阪サミット（主要20か国・地域首脳会議）も、結果（首脳宣言）は実に空虚なものだった。

たとえば貿易問題は、アメリカの反対で「反保護主義」の文言が盛り込まれなかった。気候変動問題は「パリ協定（2020年以降の温室効果ガス排出削減などに関する多国間の国際的な枠組み）」からの離脱を表明したアメリカとそれ以外の参加メンバーとの意見の相違

が埋まらず、両者の立場を併記するにとどまった。海洋プラスチックごみ対策は、2050年までに新たな汚染をゼロにする日本提案の目標「大阪ブルー・オーシャン・ビジョン」を共有したというが、実効性は疑わしいし、2050年ではあまりにも遅すぎる。巨大IT企業に対する「デジタル課税」も、2020年までに国際的な課税システムを策定する方針で合意したものの具体策はゼロだ。

事前に福岡で財務大臣・中央銀行総裁会議、軽井沢で持続可能な成長のためのエネルギー転換と地球環境に関する関係閣僚会議などを開いていながら、こんなお粗末な結果では何も決めていないのと同じである。

結局、世界的に最も注目されたのは、アメリカのトランプ大統領と中国の習近平国家主席の二国間首脳会談で、5月から中断していた米中貿易協議の再開で合意したことだった。要するにG20大阪サミットは、その直後の板門店における北朝鮮の金正恩朝鮮労働党委員長との電撃会談を含め、傍若無人なトランプ大統領のアメリカ国内向け選挙対策パフォーマンスに利用されただけだった、と言っても過言ではないのである。

そもそもG20サミットは、2018年11月30日～12月1日にアルゼンチンのブエノスアイレスで開かれたばかりである。たかだか7か月後に、わざわざ20か国・地域の首脳が集まって議論すべき新たな問題があるのだろうか？　サミット開催には莫大なコストもかかっているが、それに見合うだけの成果が出ているとは、到底思えない。

実際、G20大阪サミットの約2か月後の8月にフランスで開かれたG7サミット（先進7

か国首脳会議）では、首脳宣言を出せなかった。さらに、ＡＰＥＣ《エーペック》（アジア太平洋経済協力）も加盟各国の持ち回りで毎年開催されている。だが、私に言わせれば、そういう国際会議を頻繁に開いたところで全く意味はない。トランプ大統領のような自国第一主義を唱えるポピュリストが各国で生まれる限り、何も決まらないからだ。

「グローバル政府」創設も検討を

地球規模の問題を解決するためには、「賢者（オンブズマン）」と呼ぶにふさわしい政治家や学者が知恵を絞ってビジョンとアジェンダ（政治課題）を作り、それに基づいた冷静で客観的な議論を重ねて結論を導き出す仕組みが必要である。その見本は、ＥＵの形成過程だ。

ＥＵは、フランスのジスカール・デスタン大統領やフランソワ・ミッテラン大統領、西ドイツのヘルムート・シュミット首相やヘルムート・コール首相といった構想力のある知恵者が、二度と戦争が起きないヨーロッパを作ろうというビジョンに基づいて主導した。また、イタリア人経済学者パオロ・チェッキーニ氏が、市場統合の障害となる約２６０ものルールを具体的に指摘した『チェッキーニ・レポート』をまとめ、ＥＵはその高いハードルを乗り越えてマーストリヒト条約により単一市場となった。そして、さらに次の段階として通貨統合を進め、１９９９年に単一通貨ユーロが誕生したのである。ミッテラン大統領の顧問を務めたジャック・アタリ氏らの賢者も大きな役割を果たしている。

あるいは、アメリカのジョージ・ブッシュ大統領（父）は「アラスカからフエゴ島まで」

という南北アメリカ経済圏のコンセプトを提唱し、それがＮＡＦＴＡ《ナフタ》（北米自由貿易協定）の形成につながった。つまり、従来の国民国家を超越する仕組みを作るためには、構想力とリーダーシップがある英明な政治家とそれを理論的に支える識者が必要なのだ。

しかし、そういう「賢者」が、今の世界には見当たらないのである。それどころか、トランプ大統領に至ってはＮＡＦＴＡからの脱退を表明した。結局、脱退したらアメリカ経済が打撃を受けるだけだとわかり、新協定「ＵＳＭＣＡ（アメリカ・メキシコ・カナダ協定）」の合意に方向転換したが、実質的にはＮＡＦＴＡの名称から英語の自由貿易（ＦＴ）という言葉を抜いただけであり、要は他人が作ったＮＡＦＴＡが嫌いだったにすぎないのだろう。そういう幼稚な遊びを諌《いさ》める識者も政治家もいないのだ。

サミットやＡＰＥＣでは、事前にシェルパ役の官僚が実務者会議を重ねて準備するが、日本だけでなく、どこの国でも役人は政治家の顔色をうかがって忖度するから、〝独裁者〟が増えた今日、利害が異なる問題はシェルパでは何も決まらないのである。

したがって、各国の税金と人手や時間を無駄にするだけの国際会議はもうやめて、「グローバル国家」の枠組みの下で「グローバル政府」や「グローバル研究機関」を創設し、そこに世界の賢者を集めてビジョンとアジェンダ及び解決策を政治家に提案すべきだと思う。そうしなければ、もはや地球規模の問題は解決できないのだ。

本来、その役割を担うべきは国連だが、総会では先進国にタガをはめようとする開発途上国や後進国が加盟１９３か国のマジョリティを占め、重要事項では第二次世界大戦の戦勝国

（安全保障理事会常任理事国）が拒否権を弄《もてあそ》ぶだけなので、今や世界の足を引っ張る〝烏《う》合《ごう》の衆〟と化している。

主導国なき「Gゼロ」時代の今、トランプ大統領に代表されるような国民国家のエゴを許さない、新たな仕組みの構築が焦眉の急となっている。

第3章

〈次なる戦略〉

日本「再起動」のための処方箋

選挙制度改革

「参院6増」をゴリ押しした政治家はこうして選び直せ

2019年夏の参議院議員選挙の投票率は48・8%だった。国政選挙にもかかわらず、国民の半分に満たない有権者しか投票しなかった要因は何か。選挙の争点が明確でなかったり、消費税廃止以外の政策が不明な「れいわ新選組」から初当選した議員などを除いて候補者の顔ぶれに話題性が乏しかったりと、様々な理由が挙げられるだろうが、有権者の間で政治に対する失望感や諦めムードが広がっていることが大きいのではないかと思う。

2018年9月の自民党総裁選で、安倍首相の3選が決まった。これでまた、安倍一強体制によるゴリ押し政治が続くことになったわけだが、同年の国会で自民党が参議院議員の定数を6人増やし、比例区に「特定枠」を設ける改正公職選挙法をどさくさ紛れに成立させたのは、とんでもない暴挙であり、歴史的な汚点として記録すべきだろう。

改正公選法の内容は、①選挙区では「1票の格差」を是正するため、埼玉選挙区の定数を2増やす、②比例区では定数を4増やして96から100にした上で、個人の得票数に関係なく優先的に当選できる特定枠を政党の判断で採用できるようにする——というものだ。

自民党の狙いは「島根・鳥取」「徳島・高知」を一つの選挙区にする「合区」によって選挙区から擁立できなくなる現職議員を特定枠で救済することにあり、改正公選法は２０１９年夏の参議院選挙から適用された。参議院の定数増は１９７０年以来48年ぶりだが、前回は本土に復帰する沖縄に地方区を設けるためのものであり、自民党の「党利党略」で定数を増やすというのは前代未聞のことである。

いつまでアナログ選挙を続けるのか

この改正公選法案の採決では、安倍首相に反旗を翻して総裁選に出馬した石破茂元幹事長や、自民党の政策にしばしば異論を唱えている小泉進次郎筆頭副幹事長までもが賛成票を投じた。こんな理念も節操もない国会議員たちに「真っ当な選挙制度改革をやれ」と言うのは、泥棒に「自分を縛る縄を綯《な》え」と言うのと同じであり、端《はな》から無理なのだ。そもそも議院内閣制の制度の議論で議員が投票して法律を決めるというのは、矛盾以外の何ものでもない。

したがって、選挙制度改革は全く利害関係のない専門家による第三者機関（オンブズマン）を作り、海外の議院内閣制なども参考にしながら1～2年かけて2案か3案の答申を出し、最終的にはそれを国民投票にかけて決めるべきだと思う。国会は法案を発議して決定する機関だが、こと選挙制度改革に関してはそのための仕掛けだけを提案し、国民投票で決まったら国会はそれを拒否できないようにするのである。そういう仕組みにしない限り、抜本的な選挙制度改革はできないし、国民の選挙制度に対する関心も高まらないからだ。

現在の選挙制度の問題は二つある。一つは、明治時代以来の旧態依然とした選挙のやり方だ。あちこちの掲示板に候補者がポスターを貼りまくり、選挙公報を大量に配布し、有権者が投票所に足を運び、手作業で開票するというアナログなやり方は、すべて電子化しなければならない。政党や候補者の政策・公約はテレビやインターネットで流し、投票もスマートフォンやパソコンからＩＤと指紋・虹彩・顔などの生体認証を組み合わせて電子的にできるシステムを構築すべきなのだ。政府はマイナンバー機能をスマホに搭載できるように法改正して制度を見直すというが、それならスマホでの投票も可能にすべきだろう。

そうすれば、有権者は世界中どこにいても選挙の情報を入手して自分の好きなタイミングで投票できるし、開票作業も瞬時に終わる。「期日前投票」という概念もなくなる。だから、いま1回の総選挙に６００億〜７００億円もかかっているコストは大々的に削減できるし、国民投票にもさほど経費はかからない。投票日に、酷暑や台風、大雪などの心配をする必要もなくなる。

議席は「大選挙区100人」で十分

もう一つの問題は、「小選挙区制」である。１９９４年に小選挙区制が導入された当時、旗振り役を務めた小沢一郎元・新生党代表幹事らは、定員2人以上の中選挙区制から定員1人の小選挙区制に移行して政権交代が可能な二大政党制を実現しなければならない、と主張していた。しかし、小選挙区制が導入された結果、今や自民党が圧倒的多数を握り、野党は四分五裂して二度と政権交代ができそうにない状況になっている。しかも、小選挙区制になってからは「おらが村」に予算を引っ張ってくるだけの小粒な〝運び屋〟政治家ばかりになってしまった。

これに対し、私は統治機構を道州制にして、選挙制度は大選挙区制にすべきだと主張してきた。たとえば、衆議院を大選挙区にして、10の道州から10人ずつ選ぶ。そうすれば衆議院議員は１００人に削減できる。

そして、ほとんど意味のない参議院は廃止して、国民投票で代替する。つまり、衆議院で発議した重要法案の可否を国民投票で決めていく。あるいは参議院を各分野の利益代表だけにしたり、アメリカの上院議員のように人口に関係なく各都道府県から２人ずつ選ぶという手もあるだろう。一つの選挙区で２人選ぶなら、男女１人ずつにするという制度も考えられる。

大選挙区制の良い点は、専門家を選べることだ。たとえば北海道が一つの区になれば、面積が半分くらいなのに農業・畜産業の生産性と国際競争力が高いデンマークやオランダについての知見があるなど、北海道にとって本当に重要な問題に精通していてビジョンのある政治家が求められるはずだ。九州の場合は、今後の経済成長を考えるとインバウンドが最も重要であり、港湾・空港・道路の建設や民泊の整備を推進して訪日外国人客を増やすしかないから、それに特化した政治家が出てくるだろう。

そういう新しい選挙制度は、向こう50～60年耐えられるものにしなければならない。なぜなら、選挙制度は定着するのに10年、機能して20年、変えようという議論で10年、合わせて40年はどうしても続くからである。

そして、それを考える第三者機関のメンバーも、今の政府の諮問会議や有識者会議のように、安倍首相の息のかかった人間ばかりでは論外だ。「ミスター合理化」として土光臨調で辣腕を振るった土光敏夫さん、政府税制調査会会長などを務めて行財政改革を牽引した加藤寛さん、国鉄再建監理委員会委員長を務めた亀井正夫さんのような、政権におもねらない硬骨漢でなければならない。

そのようにして抜本的な選挙制度改革を断行し、新たなリーダーを選出していかないと、もうこの国はもたないと思う。ずぶずぶと沈んでいく一方なのに、7年近くも首相を務めた安倍総裁の4選説まで取り沙汰される体たらくで、これでは、他の国の独裁政権を笑えない。

せめて次回の総裁選までには、日本をリブート（再起動）する若い改革者の登場を期待したい。

“万年野党”改造

なぜ日本の野党はこれほど情けない状況になっているのか

与党が改選過半数を確保した2019年夏の参議院選挙では、前述した「れいわ新選組」が比例区で2議席を獲得したことが大きな話題となった。だが、裏を返せば、それ以外の野党はそれほど大きな注目を集めることなく埋没したということではないか。

とくに国民民主党は、そのスタート時点から影が薄い。政党支持率は1~2%前後にとどまっており、新興のれいわ新選組にも並ばれようとしている。

旧民主党は政権を失ってから四分五裂して離合集散を繰り返している。まず民主党が民進党になり、小池百合子・東京都知事によって希望の党との合流から「排除」された人たちが立憲民主党を結成、残った勢力が改めて希望の党と合流して国民民主党が誕生したのである。だが、設立時には民進党と希望の党の国会議員計107人のうち新党参加者は62人にとどまり、立憲民主党を下回って「野党第一党」にもなれなかった。

国民民主党というネーミングも噴飯ものである。同党だけでなく、自由民主党、民主党、立憲民主党、社会民主党（社民党）と、いずれも「民主党」を名乗っているわけだが、そもそも民主主義国家において民主的でない政党などあり得ない。かてて加えて、今さら70年近く前にも存在してわずか2年で消えた国民民主党というカビ臭い名前を付けるのは時代錯誤も甚だしい。

それにしても、なぜ一時は国民の支持を得て政権交代を果たした旧民主党勢力が、これほど情けない状況になっているのか？　答えを先に言えば、自民党との「対立軸」が全く打ち出せていないからだと思う。

もともと旧民主党は、各都道府県の都道府県庁がある「1区」で支持を集める都市型政党だった。つまり、農民、漁民、医者、建設業者など少数利益集団の利権を重視する自民党型の政治に対し、マジョリティである都市生活者の意見を代弁することが原点だった。ところが、この対立軸を旧民主党の人たちは忘れてしまったようだ。

中途半端で知恵がない

さらに根本的な問題は、最大の支持母体である労働組合＝連合の存在だ。今や連合は資本家に搾取されている貧しい労働者の集団ではなく、日本の中では非常に恵まれている大組織の金持ち集団だが、集票マシンとしての連合に頼る限り、本当に国民のためになる政策や自民党に対抗できる政策は出せない。たとえば、役人の数を削減すると言えば自治労が反対するし、ＡＩ時代は教師は半分でよいと言えば日教組とぶつかる。そういう中途半端な政党になった結果、対立軸が消滅してしまったのである。

また、２０１７年10月の総選挙直前に都市型政党の代表として小池知事が希望の党を設立し、その人気目当てで民進党が合流を決めた時には、安保法制や憲法改正の容認という都市型政党とは何の関係もなく、自民党との違いもわからない政策の〝踏み絵〟を踏まされた。しかし、これは旧民主党の原点とは、かけ離れた方向である。

しかも、希望の党は小池知事の「排除」発言、東京オリンピック・パラリンピック会場問題や築地市場移転問題をめぐる失策といった〝オウンゴール〟が相次いで総選挙で惨敗。小池知事と希望の党には希望が持てないという状況になって民進党は混迷を深めたが、結局、再結集して支持率1％台の国民民主党になったわけだ。要は、自民党との正しい対立軸を示せないから、国民の支持を得ることができないのである。

政党の原点は対立軸だと考える私のような人間に言わせれば、迷走を続ける国民民主党などの野党は、あまりにも知恵がないと思う。この〝生煮え〟集団は、立憲民主党と統一会派を組んでも、主張を明確に示すことはできないだろう。

だが実は、日本は対立軸を打ち出しやすい国である。なぜなら、与党・自民党は昔から「ビッグガバメント（大きな政府）」だからである。選挙対策で増税はせずに補助金や社会保障費、無駄な公共事業などに税金を垂れ流しているので、今では国の借金が1000兆円を超えて世界最大の対GDP負債を抱えている。このままでは国の将来がないのだから、対立軸は「スモールガバメント（小さな政府）」しかないはずなのに、それでは選挙に勝てないということで、自民党と差別化できないようなサービスメニューばかり掲げている。

ビジョン・ドリブンの時代

自民党がビッグガバメントを続けられるのは、政府・与党として事実上、紙幣の印刷機（造幣局）を持っているからだ。印刷機を回しさえすれば、未来の世代から好きなだけ借金できる。そんなことをしたら普通はハイパーインフレになるが、日本の場合は世界に類を見ない低欲望社会になっていて消費が増えないため、物価が上がらない。しかも、国が刷りまくった紙幣を日銀が国債やETF（上場投資信託）を買い入れて再び吸収するというイカサマで、とりあえず小康状態を保っているというのが現状だ。

未来の世代からの借金に頼らず、自分たちの知恵と手段で世界から繁栄を呼び込むためには、国の紙幣印刷機に頼らないようにする仕組みが必要だ。それが、かねて私が提唱している世界中から人、企業、カネ、情報を呼び込む繁栄の単位としての「道州制」なのだが、未だに人々は古い中央集権の体制を変えようとしない。

大きな変化を嫌う日本人は、何事も過去の延長線上で考えがちである。だから経済成長率や株価に固執したり、日銀が物価上昇率2％などという理解不能の目標を掲げたりしてきたわけだが、その結果、どうなったか？ OECD（経済協力開発機構）加盟国の中で唯一、20年間も給料や1人あたりGDPが上がらない衰退国になってしまった。

だが、21世紀は「ビジョン・ドリブン（理念駆動）」の時代である。たとえば、私は1980年代から90年代にかけて18年間、マレーシアのマハティール・ビン・モハマド首相に請われて国家アドバイザーを務め、2020年までの先進国入りを目指す国家戦略「ビジョン2020」を立案した。それを推進してマレーシアは1人あたりGDPが1500ドルから1万ドルになり、先進国の仲間入りを果たそうとしている。それと同様に、日本もこれからどういう国を目指すのか、そのためにやるべきことは何か、という明確な将来ビジョンが必要だ。

その基本は、産業誘致と教育改革である（教育改革については194ページ以降で詳述する）。田中角栄的な「国土の均衡ある発展」を目標にした全国総合開発計画は、かつては正しかったが、その延長線上で未だにバラ撒き政治を続けている政治家たちの怠慢が日本を低迷・衰退させている。

富は世界にある。それを呼び込むイメージは、インバウンドの活況だ。今や外国人観光客は東京、大阪、福岡などの大都市や有名観光地だけでなく、北海道全域、徳島県の大歩危《おおぼけ》・小歩危《こぼけ》、長野県の伊那谷など日本全国に押し寄せ、お金を落としている。この現象を参考に、道州制を導入して各地方が産業誘致を競い合い、世界中から富を呼び込む仕掛けを作るべきなのだ。

地方議会改革

議員「なり手不足」問題の解決策は〝議会廃止〟

今、地方議員のなり手不足が深刻化している。２０１９年4月の統一地方選における無投票当選者数の割合は、道府県議選が26・9％、町村議選が23・3％で、いずれも過去最高を記録した。

朝日新聞（２０１９年2月18日付）のアンケートでは、全国の都道府県・市区町村１７８

8議会のうち、議員のなり手不足が「課題」と答えた議会は38％の678議会に上った。また、日本経済新聞（同年1月28日付）は、過疎化や高齢化に直面する小規模自治体の議会選挙では立候補者が定数に届かない定数割れが頻発し、補選でも立候補者がゼロという事態が出始めた、と報じている。

このため、無投票や定数割れを避けようと、定数を減らす動きや議員報酬を増やす動きが出ている。さらに、自治体との請負契約がある企業役員との兼業や公務員との兼職を禁じる地方自治法の規定が立候補を阻む一因として、緩和を求める声が高まっているという。

だが、この問題はゼロベースで考えるべきである。すなわち、なり手不足の問題以前に「そもそも地方議会は必要なのか？」と問うべきだと思うのだ。

私が連載や著書『君は憲法第8章を読んだか』（小学館）などで何度も指摘してきたように、日本の場合、地方議会にはたいした役割がない。普通、議会は法律を作るところだが、日本の地方議会は法律を作れない。憲法第8章「地方公共団体は、その財産を管理し、事務を処理し、及び行政を執行する権能を有し、法律の範囲内で条例を制定することができる」（第94条）により、国が定めた法律の範囲内で、地域の問題や実情に沿った「条例」を作ることしかできないのだ。つまり、立法府ではなく「条例府」なのである。

そういう極めて限られた裁量権しかないのだから、その仕事はさほど意味がないし、面白くもない。だから過去に地方自治体で議会と行政府が対立したケースは、首長の失言、不倫、パワハラ、セクハラ、不適切な公用車の利用や飲食費などの支出といった低俗な問題ばかりで、条例の立案や制定でもめたという話は寡聞にして知らない。

利権まみれの議員と〝急所〟握る役人

しかも、地方議会の定例会が開かれている日数は年間90日間前後（土日祝休日を除くと60～70日間程度）にすぎない。たとえば２０１８年の場合、東京都議会は86日間（うち本会議18日間）、世田谷区議会は92日間（同20日間）、千代田区議会は１００日間（同18日間）だった。他に委員会などが開催されている日もあるが、地方議員は基本的に「５～６日に１回」しか〝出勤〟しなくてよいのである。

それで議員報酬、賞与、政務活動費を含めたコストの総額は、一般議員１人あたり東京都議が１９９０万円、世田谷区議が１３６６万円、千代田区議が１２４５万円だ。一部の真面目な議員を除き、彼らが企業の役員クラスの高給に見合うような仕事をしているとは、到底思えない（※）。

さらに地方議員たちは「視察」名目で、毎年のように物見遊山の海外旅行や国内旅行に出かけている。たとえば、２０１６年のリオデジャネイロオリンピック・パラリンピックの視察では、都議20人と随行職員６人の派遣を想定して６２００万円の予算を計上していたが、費用が予算を大幅に超えるとの予想が報じられて都民やマスコミから批判を浴び、視察が中止されたのは記憶に新しい。東京都議会や岡山県議会などでは海外視察に参加した議員たちが、ほぼ同じ内容の〝コピペ報告書〟を提出していたことが発覚して問題となっている。

結局、地方議会で議論されている問題の多くは、土木、建設、電気工事などをはじめとする公共事業に関するもので、平たく言えば、そこに予算をいくらつけるか、ということである。このため、多くの議員がその利権にまみれることになり、行政府の職員は、そういう議員たちの〝急所〟を握って利権を配分している。自分たちの仕事や首長が提案する予算案、条例案にいちゃもんをつけさせないためである。その結果、議会は行政府の意向通りに運営され、どこの地方自治体でも議員提案の条例案は極めて少なく、その一方で首長提案の議案はほとんどすべて原案通り可決されている。

つまり、地方自治体は事実上、首長と役人が運営しているわけで、地方議会は政策提案機能はもとより、行政府に対するチェック機能さえ持ち合わせていないのだ。そんな地方議会は文字通り〝無用の長物〟であり、税金の無駄以外の何物でもない。百歩譲って都道府県議会は残すとしても、市区町村議会は原則廃止すべきである。

※自治体の財政事情によって議員報酬には大きな差がある。町村議会の場合、一般議員の議員報酬は大半が月額10万〜20万円台。

住民代表機関がチェック

地方議会に代わる仕組みを作るとすれば、住民代表によるオンブズマン（行政監察官）機関だ。地方自治体は首長と役人がいれば運営できるわけだから、行政府がきちんと仕事をしているかどうか、〝悪さ〟をしていないかどうかを第三者が監視する機能さえあればよいのである。そのメンバーは、裁判員制度のように住民がランダム抽選の輪番制・日当制で務めればよい。希望者を募ると、手を挙げるのは利権絡みの人間ばかりになってしまうからだ。

総務省の研究会も２０１８年、よく似た新たな地方議会制度の仕組みを提言している。少数の専業議員と裁判員のように無作為で選ばれた住民で構成する「集中専門型議会」というもので、そのほかに兼業・兼職議員中心の「多数参画型議会」と現行制度の三つから選択可能にする。現行制度を維持するか、新制度のいずれを選ぶかは自治体の判断に委ね、条例で定めるようにするという内容だ。しかし、この提言が実現したとしても、地方議員が自分たちの〝失業〟につながる「集中専門型議会」の選択に賛成するはずがないだろう。

本来、私が提唱している道州制であれば、それぞれの道州に立法権があるから、地方に根ざした問題への対応策は独自の法律を作って自分たちで決めることができる。各地方が中央集権の頸木から脱し、世界中から人、企業、カネ、情報を呼び込んで繁栄するための仕掛けを作ることも可能になる。２０１９年４月の統一地方選で無投票や定員割れが起きた地方自治体は、改めて議会の存在意義を問うべきである。

省庁再々編①

厚生労働省は再び分割して高齢化対策も重視すべき

2001年の「橋本行革」による1府12省庁の中央省庁再編を検証していた自民党行政改革推進本部は2018年9月、厚生労働省の分割などを検討課題とする中央省庁再々編の提言を取りまとめ、安倍首相に提出した。その一方で、石破元幹事長は「防災省」の創設を主張しており、自民党総裁選の争点の一つにも掲げられたが、中央省庁再々編はそういう次元の問題ではない。

私は内閣府、厚労省、総務省、国土交通省などを創設した橋本行革を当時、「見せかけの行革」「看板の掛け替え」「単なる引っ越し」と批判した。つまり、省庁を適当にくっつけ、運送会社が霞が関の中で事務機器や書類などの荷物を右から左へ移動させただけで、捨てたものは何もないのである。したがって、橋本行革は大間違いであり、議論するまでもなく、全面的に再吟味すべきだと思うのだ。

橋本行革の間違いの最たるものは、やはり厚労省だ。これは論外だと思う。私が知る限り、どこの国にも「厚生＋労働」という括《くく》りの役所はない。

厚労省の厚生部門には「医政局」「医薬・生活衛生局」「健康局」「子ども家庭局」「社会・援護局」「老健局」があり、医療の普及・向上、麻薬・覚醒剤対策、社会福祉の推進、高齢者介護施策などを担っている。

一方、労働部門には「労働基準局」「職業安定局」「雇用環境・均等局」があり、労働条件の改善、雇用対策、非正規雇用労働者の待遇改善などを担当している。

さらに保険・年金部門の「保険局」「年金局」があり、健康保険や厚生年金保険、国民年金などに関する企画立案、年金積立金の管理運用などを受け持っている。

このように異質で多様な業務を一緒くたにしたのが橋本行革で生まれた厚労省であり、これでは一つの役所として効率的に機能するはずがないだろう。

労働省は最も重要な役所

したがって厚労省は現在の股の広がった所管業務を機能別に選択・集中した上で、再び厚生省と労働省に二分すべきである。

そして労働省は、ある意味、国家にとって最も重要な役所となる。なぜなら、これからの日本にはどのようなスキルを持った労働者が必要なのか、どうすれば労働者の生産性が上がるのか、ということを徹底的に考え、21世紀の企業ニーズを満たす人材を養成していかねばならないからである。

たとえばドイツでは、職業訓練専門学校の多くが「デュアルシステム」になっており、会社に入る時は350くらいの様々な職種の中から自分が専門にする一つの職種を選んで、さらに腕を磨いていく。そのシステムを国・州・企業・労働組合が合わさった公的機関「BiBB（職業教育訓練研究機構）」がきめ細かく運営し、将来の雇用に耐えうる人材を懸命に育成しているのだ。

日本の厚労省も、いちおう人材開発や職業訓練などの看板を掲げているが、ドイツに比べると天と地ほどの差がある。事実上、人材育成の役割の大半は文部科学省が担うかたちになっているものの、同省は、世界のどこに行っても活躍できるスキルを持った社会人を生み出すとか、AIやロボットに置き換えられないように労働者を再教育するといったことは実質的に何もやっていないのが実情である。

「功労省」を新設し高齢者向けBIを

さらに少子高齢化社会になった日本の特殊な事情として、定年退職後の高齢者の生活をどのように支えていくか、ということも大きな課題となる。日本はすでに人口の4分の1以上が高齢者という超高齢社会なのだから、この分野でも世界に先駆けていかねばならない。私は、年金問題やリタイアした人の生活保障問題を専門に担当する役所——たとえば「功労省」か「シニア省」——を創設し、新たな制度を構築すべきだと思う。

一例を挙げれば、「高齢者向けベーシック・インカム（BI＝最低所得保障）」の導入である。これは政府がすべての国民に対して最低限の生活を送るために必要とされる額の現金を無条件で定期的に支給する（その代わり社会保障や生活補助を撤廃する）という制度だ。

私はもともとＢＩについては「人々の労働意欲をそいで生産性が低下し、国のエネルギーは衰える」制度だと批判していたが、〝リタイア後のＢＩ〟となれば、話は別である。

つまり、年金の代わりにＢＩで老後の生活をカバーするのだ。今はＢＩを生活保護のようなものとして考えている向きが多いが、私の提案は違う。リタイア後の生活を年金に頼るのではなく、日本国憲法第25条ですべての国民に保障されている「健康で文化的な最低限度の生活を営む権利」を確保・維持できるだけのＢＩを、死ぬまで支給するというものだ。

その金額は、地方や受給年齢によって異なると思うが、私の試算では、平均「月16万円」くらいである。金額的には現在の生活保護（生活扶助＋住宅扶助）に近いが、ＢＩで「最低限度の生活」を保障してしまえば、たとえ「人生１００年時代」になったとしても、貯金も年金も保険も不要になり、生涯安心して暮らせるようになって老後不安が一掃できるのだ。

いま日本の高齢者は〝漠たる将来への不安〟から、いつまでもお金にしがみついて貯金を使わず、さらに年金の３割を貯金に回しているとも言われている。そのため個人金融資産が１８３５兆円（２０１９年3月末時点）も貯まり、「死ぬ瞬間が最も金持ち」というおかしな状況になっているわけだが、高齢者向けＢＩを導入すれば、それも解決できる。貯蓄を消費に回しても心配ないとなれば、人生を楽しむために貯金を使い切ってしまう人も出てくるだろう。

そして、その人が亡くなった後、ＢＩをもらった結果として最終的に余ったお金があれば、それはすべて申告・登録しておいて、相続の対象にするのではなく、国に返還してもらう。そうすれば、高齢者の金融資産が銀行などにじっとしていることはなくなり、消費に回って日本の景気が良くなるのだ。

厚労省は、自民党の省庁再々編論議にかかわらず、一刻も早く厚生省と労働省に分割し、さらに「功労省」（もしくは「シニア省」）を新設して21世紀の日本に対応すべきなのである。

さらに、もう一つの橋本行革の決定的な間違いは総務省である。そもそも「総務」という名称が示すように、現状は名目の立たない諸々の業務を集めた、ごちゃ混ぜの役所になっている。だが、その中には21世紀の日本にとって非常に重要な分野がたくさんある。この問題については、さらに次項で詳述する。

省庁再々編②

総務省は解体、経産省は発展的解消…霞が関改革私案

前項では、2001年の「橋本行革」による中央省庁再編の最たる間違いは厚生労働省だと指摘して再分割を提案したが、橋本行革には他にも多くの間違いがある。

まずは総務省だ。同省は旧自治省、旧郵政省、旧総務庁を統廃合した役所で、外局として

郵政事業庁や消防庁などが設置された。このうち旧自治省は、その名の通り、もともと地方自治を所管する役所だったが、『君は憲法第8章を読んだか』で詳述したように、日本の地方に憲法上「自治」はなく、我々が「地方自治体」と呼んでいる都道府県や市区町村は、実際には立法・行政・司法の三権が与えられていない「地方公共団体」でしかない。それを所管する旧自治省が総務省に組み入れられた結果、いっそう地方自治はうやむやになってしまった。

しかも、総務省とは別に「地方創生担当相」を新設し、屋上屋《おくじょうおく》を架している。私は設置から5年経っても成果が出ていない地方創生担当相は廃止し、総務省を解体・分割して旧自治省の機能を拡充した役所を再び独立させるべきだと思う。

その役目は地方が繁栄するために必要な政策の企画・立案だ。具体的には人口1000万人規模の「繁栄の単位」の設計である。なぜなら、いま世界で繁栄しているのは、第1章でも述べたように、中国の巨大な知識集約型IT都市・深圳やアメリカのシリコンバレーとサンフランシスコ・ベイエリアなど人口1000万人規模の「メガシティ」「メガリージョン」だからである。日本はそれらを参考にして繁栄の方程式を想定し、都道府県や市区町村の線引きを越えた地方振興プランを策定して世界中から人、カネ、企業、情報を呼び込まなければならないのだ。それを担う役所の名称も「地方振興省」なり「地方発展省」なり、本来の役割に見合ったものにすべきである。

情報通信（サイバー）省の新設も

もう一つの総務省の大きな問題は旧郵政省が握っていた通信分野だ。前述したように、橋本行革当時は総務省に外局として郵政事業庁が設置されたが、2003年に廃止されて日本郵政公社が設立され、同公社も2007年の郵政民営化で消滅した。このため現在の総務省にある旧郵政省の機能は、ＩＣＴ（情報通信技術）の研究開発や海外展開の推進などを担当する国際戦略局、放送のデジタル化などを受け持つ情報流通行政局、電気通信事業の競争促進や電波の有効利用などに取り組む総合通信基盤局の三つになっている。

しかし、ＩＣＴや電波は21世紀の日本にとって最も重要な領域であり、総務省の局だけが担当しているようでは世界に太刀打ちできない。かつて私はマレーシアのマハティール首相のアドバイザーを務めていた時、マルチメディアによる情報立国という国家戦略を担う役所としてサイバー省を創設したが、日本も旧郵政省の機能は総務省から切り離し、ＩＣＴに加えてＩｏＴやＡＩといったサイバー社会の最先端技術を専門に所管する「情報通信省（サイバー省）」を新設すべきである。

2018年の自民党総裁選出馬を検討していた当時の野田聖子総務相は「世界標準の国」を目指すという政策を発表したが、本当に世界標準に合わせるのであれば、日本はサイバー社会の徹底的な規制緩和に取り組む必要がある。なぜなら、今この領域では規制がほとんどない中国などがスマートフォンのＱＲ決済をはじめとする新しい技術やサービスを次々と生み出して世界中をひっくり返そうとしているからだ。これに対抗していくには、日本も国策としてサイバー戦略を推し進め、規制でがんじがらめの〝ガラパゴス状態〟から脱しなければならないのだ。

経産省の役割は終わった

大前流「中央省庁再々編」構想はまだまだある。たとえば、経済産業省。この役所の歴史的な役割は、すでに終わった。同省が前身の通商産業省時代から毎年出している『通商白書』は、かつては日本経済に絶大な影響力を持っていた。同白書が「鉄は産業のコメ（産業の中枢を担うもの）」と書けば、鉄鋼業が盛んになり、日本は粗鋼生産量で世界一になった。「次の産業のコメは半導体」と旗を振れば、それに向かって産業が一気呵成に傾斜していった。いわば同省が日本経済の司令塔だったのである。

だが今や、これまで経産省が大々的に推進してきた原子力産業は福島第一原発事故で空中分解し、かつては世界に君臨した鉄鋼、造船、半導体、家電などの日本型産業も、ことごとく競争力を喪失してしまった。したがって、経産省はやるべきことがほとんどなくなり、権限を発揮できる許認可行政や補助金行政の幅が狭まっている。

それかあらぬか、経産省の官僚たちと話すと、「財務省を叩きつぶして主導権を握る」とか「日米交渉は外務省ではなく自分たちがやる」とか、産業政策とは関係のないことばかり言っている。実際、経産官僚は安倍首相におもねって首相官邸（内閣官房）に入り込み、自分たちの影響力を拡大しようと蠢《うごめ》いているように見える。こんな無意味な役所は発展的解消をして、総務省から分離・独立させた情報通信省や地方振興省に組み込むべきだろう。

さらに、ここで原点に立ち返れば、産業の基礎は「人」である。ところが、今の文部科学省は「シンギュラリティ」が訪れるとされる2040年代にどんなスキルを持った人材が求められるかというイメージがゼロで、未だに工業化社会・大量生産時代の延長線上のまま知識と記憶力を偏重し、「(多言語での)会話力」や「考える力」がない人間を量産している。となれば、経産省が将来の日本の産業を支える人材育成を目的とした「人材企画・創出省」になる、という道もあるかもしれない。

ただし、今の官僚たちにそうした人材育成を構想するだけの能力は期待できない。ならば、すでに『個人が企業を強くする』などで提案したように、天下りとは逆の民間企業から中央省庁への転職＝「天上り《あまのぼ》」を可能にして、いま以上に民間の優秀な人材を取り込んでいけばよい。

また、そもそも規則通りに決められたことをする官僚の仕事の多くはAIに代替可能である。予算もAIが決めれば、官僚の裁量や忖度が入り込む余地はなくなる。そこまで含めた根本的な行革を断行しない限り、日本は変わらない。

橋本行革のような、看板を掛け替えて霞が関の中で引っ越しをするだけの再々編は言語道断、真っ平御免である。初めに21世紀の日本のイメージを明確にし、それを実現するための中央省庁再々編でなければならない。

文科省解体

教育改革を実行するだけのビジョンも能力もない監督官庁

文部科学省の凋落《ちょうらく》が止まらない。

まず、2018年7月に私立大学支援事業の対象校に選定されることの見返りに自分の子供を東京医科大学に〝裏口入学〟させてもらったとして元科学技術・学術政策局長が受託収賄罪で起訴された。続いて、JAXA《ジャクサ》（宇宙航空研究開発機構）出向中に約150万円相当の賄賂を受け取ったとして元国際統括官が収賄罪で起訴され、スポーツ庁の元幹部も東京地検特捜部に任意で事情聴取された。さらには、京都教育大学に出向していた課長補佐級の40代の男性職員が、学生の保護者から集めた教育後援会費約770万円を横領したとして懲戒免職処分になるなど、汚職の連鎖が続いている。

その前年には組織的な天下り斡旋問題で歴代事務次官8人を含む43人が処分された。その上、収賄事件や横領事件が相次ぎ発覚するというのは、文科省全体の規律が緩んで組織そのものが腐っている証左であり、もはや表面化した問題をモグラ叩きのように場当たり的に直したところで、どうにもならないと思う。そろばんなら「ご破算」、電卓なら「AC」でゼロから仕切り直すべき状況である。

言うことを聞く子にだけ優しい教育

その一方で、今の文科省が抱えている最大の問題は、根本的な教育改革を実行するだけのビジョンも能力もないことだ。そのため、私はこれまで何度も、今の文科省教育は21世紀の世の中に全く対応できていないと批判してきた。だが、もう私は文科省に教育改革を求めるのはやめようと思う。それは猫に「ワンと鳴け」と言うに等しいからである。

改めて文科省教育の問題点を列挙すると、戦後日本は加工貿易立国、大量生産、貯蓄奨励による産業振興という国家戦略に適した平均レベルの高い勤勉な国民をつくる教育システムで大成功した。しかし、クレイトン・クリステンセンが著書『イノベーションのジレンマ』(翔泳社)で指摘したように、現在の文科省はその成功体験が足枷《あしかせ》となって方向転換できないという状況に陥っている。

文科省の教育制度は幼稚園、小学校、中学校、高校、大学が連結している。このため小学校だけ変えたり、中学校だけ変えたりするわけにはいかないので、どこからどうやって始めればよいかわからないのだ。

一方、たとえばドイツの場合は、三大化学メーカーやダイムラーをはじめとする大企業が世界のどこに行っても英語で活躍できる人材でなければ採用しないという方針を打ち出したことから、まず大学が英語必須のバイリンガルに転換し、それに伴って高校、中学校、小学校、幼稚園も変わっていった。

あるいはフィンランドは、1990年代に失業率が15%を超えた時、国民が世界で勝負できるようにするため、大学の授業を英語で教えてもよいことにした。するとヨーロッパ中から学生が集まり、その影響でフィンランドの学生たちもあっという間に国際化して、高校以下の教育も一気に変わったのである。

しかし、日本の場合は従来の教育制度に小手先の微々たるマイナーチェンジを加えているだけなので、世界と競争できる人材は、文科省教育の枠の中では全く育成できていない。だから文科省の役人たちは補助金や助成金を差配することでしか権力を発揮できなくなり、言うことを聞く子にだけ小遣いをあげるような旧態依然とした〝忖度行政〟にしがみついているのだ。裏口入学や接待漬けの汚職も、結局はそうした体質ゆえである。ここまで組織が硬直化すると、もはや文科省は変われないだろう。いくら外から根本的な改革を呼びかけても、「馬の耳に念仏」だと思う。

「アンチ文科省」が新学府を創設せよ

したがって、文科省はかつての社会保険庁のように解体して新たな組織にするしかないだろう。

さもなければ、文科省の中にゼロベースで「アンチ文科省」を作るべきだと思う。GE（ゼネラル・エレクトリック）のジャック・ウェルチがCEO時代に、自社内のすべての事業部に「アンチ事業部」を作ったのと同じ手法である。

ウェルチは、自社の事業が他社に否定された時はつぶれる時だから、GEの事業を否定するとすればGEの人間であってほしいということで、各「アンチ事業部」に自社の既存事業を破壊する新しいビジネスモデルを考えさせたのである。

それと同様に、「アンチ文科省」は既存の教育制度から逸脱して、ユニークな人材、世界で競争できる人材を育成することを目的とした全寮制の新しい学校を創設する。

全寮制にする理由は、親がグローバル化した日本企業に勤めていて世界中を飛び回っている場合、全寮制でないと安心して海外で仕事ができないからだ。

わかりやすく言えば、政府税制調査会会長などを務めた経済学者の加藤寛さんが設立した慶應義塾大学のSFC（湘南藤沢キャンパス）を、さらに強化・拡充したような中高一貫校を併設した大学である。

そういう新学府を「アンチ文科省」が創設して民間企業に寄付を募れば、賛同する企業が続出するだろう。寄付した分は法人税の課税対象にしないということにすれば、数兆円規模の資金が即座に集まると思う。

なぜなら、いま日本企業は日本の大学から優秀な人材を採用することができないため、海外の大学へリクルートに出かけなければならない状況になっているからだ。

ただし、その新学府は企業オリジンではいけない。それだと日立製作所が運営する企業内学校「日立工業専修学校」のようになってしまう。一企業のためではなく、あくまでも「国のため」のグローバル人材を育成する高等教育機関であり、それをバックアップする法人税の免税措置は、いわば「ふるさと納税」の企業版という考え方である。

このイノベーションは、文科省の中で1人もしくは数人の有志が声を上げれば、実現可能だと思う。

繰り返しになるが、「文科省教育の埒外《らちがい》」にあるスポーツや音楽やバレエなどの分野では、日本から世界一流の人材が続々と登場している。日本人は「見える化」し、個別指導をしていけば世界に伍《ご》していける能力を持っている。全国一律、全員対象の学習指導要領でやるから、世界で勝負できないダメ人間を量産してしまうのだ。したがって「アンチ文科省」教育を行なえば、ビジネスの分野でも世界で戦える人材を十分育成できるはずなのだ。

だが、それは従来の忖度行政に慣れきった政治家や文科省の幹部たちにはできない改革だろう。城山三郎氏の名著に倣って言えば、そんな上司に対し、「もう、きみには頼まない」と言える、肝の据わった若手官僚の出現を期待したい。

教育改革①

〝20世紀型天才〟の末路を象徴する政治家・官僚たち

「〝万年野党〟改造」の項で日本がこれからどういう国を目指すのかの明確な将来ビジョンが必要であり、その基本は、産業誘致と教育改革だと述べた。

教育改革の中でも、とりわけ大きなカギを握るのは言語教育であり、それは国家戦略にもつながる。実際、世界には言語教育を教育改革の軸に位置付けることで21世紀に繁栄を勝ち取っている国がいくつかある。

たとえば、イスラエルは小学校からプログラミング言語を教え、ヘブライ語、英語と合わせてトリリンガルに育成する。その結果、自動運転車の中心的な技術となる先進運転支援システム（ＡＤＡＳ）を世界に先駆けて開発し、インテルに約１兆７０００億円で買収されたモービルアイなどの最先端ベンチャー企業が続々と誕生して世界が注目する起業家天国になっている。国民がトリリンガルだから、イスラエル発祥の企業はすぐに世界化できるのだ。

あるいはスイス。多民族国家なので、国民の大半はフランス語、ドイツ語、英語、イタリア語の４か国語を身につける。そしてスイスで生まれた会社は、人口８４２万人でしかない母国にとどまっていたら成長できないので、4か国語でコミュニケーションできる強みを生かして世界に出ていく。だからスイスには食品のネスレや人材サービスのアデコをはじめ、銀行、製薬などの業界で世界最大級の多国籍企業がたくさんあるのだ。つまり、4か国語を学ばせる言語教育が、オランダ語地区とフランス語地区が対立しているベルギーや、フランス語地区と英語地区の葛藤が続いているカナダなどにはない「国家の力」になっているのである。

英語力はアジア各国からも後れ

また、マレーシアは、学校で用いる言語はマレー語または英語で、どちらを使うかは先生が決めてよいという仕組みを導入し、言語対立が民族対立や宗教対立になることを避けた。マレー系、中国系、インド系の民族がいるマレーシアの場合、マレー語しか使えないとなると宗教もイスラム教しか認めないことになり、国家が分裂してしまうからである。結果的に理科系の教科は英語、文化系の教科はマレー語で教えるようになり、英語ができる国民が増えた。英語で教えてもよいということになると、先生もオーストラリアなどから招致できるので、一気に国際会議など世界で活躍する人材を輩出できるようになった。

翻《ひるがえ》って日本はどうか？　文部科学省はグローバル人材を育成するために英語教育を強化するとか、国際バカロレアの普及・拡大を推進するとか言っているが、それは掛け声倒れで、実際に語学力が向上しているとはお世辞にも言えない。とくに英語力は、同じアジアの中でもマレーシアや英語が公用語のフィリピン、シンガポールだけでなく、この20年ほどで飛躍的に伸びた韓国、インドネシア、台湾、中国、ベトナム、タイなどから完全に後れを取っている。

加えて重要なのが、2040年代に到達するとされる「シンギュラリティ」問題だ。AIが人間の脳を超えるシンギュラリティが起きれば、政治も経済も過去の延長線上で「Do More Better」でやっていたら、絶対に対応できない。

ところが日本の場合、これから高齢化社会がいっそう加速し、労働力人口が大幅に減少して衰退・没落していくことが明らかであるにもかかわらず、国民がシンギュラリティを超えて飯を食っていく（＝世界で活躍していく）ための教育改革は何も行なわれていない。私はシンギュラリティに耐えられるような将来ビジョンを作って日本をオーバーホールすると同時に、言語教育だけでなく、明治以来ほとんど変わり映えしていない記憶偏重で時代遅れの教育制度全般をオールクリアすべきだと思う。

「答えなき」時代のリーダー像

これまでたびたび解説してきたように、20世紀は欧米先進国に「答え」があった時代である。だから欧米に追いつき追い越せでやっていればよかった。学校の教室では、勉強ができて最も答えをよく知っている秀才タイプが学級委員や生徒会長になり、リーダーとして皆を引っ張っていた。

しかし、21世紀は答えがない時代である。答えは覚えるものではなく、見つけるものである。なぜなら、答えがわかっている問題はパソコンやスマートフォンで検索すれば、すぐに答えを教えてくれるからだ。

では、答えがわからない問題の答えを、どうやって見つけるのか？　そこで極めて重要になるのは新時代のリーダーシップである。

答えがわからない問題の答えを見つけるための具体的な方法は、フラットにつながる集団において、まず答えは何かを議論し、その中から最も答えに近いと思われるアイデアを選択する。そして、それを実行してみようという方向に皆をまとめていく。そういうＥＱ（心の知能指数）的な能力を含め、発想力や論理力、説得力を駆使して答えを見つけ出していくのが21世紀に求められるリーダーシップであり、これはＡＩにはできないことである。

そこではピラミッド組織のヒエラルキー（階層）や肩書などは関係ないし、通用しない。答えがあることを前提として、階層や肩書に依存した〝20世紀型秀才リーダー〟は、21世紀にはリーダーたり得ないのだ。

ところが、今の日本の政治家や官僚は、20世紀型秀才たちの集まりである。たとえば、日銀の黒田総裁は「物価上昇率2％」という自分で設定した「答え」に固執した揚げ句、それを実現できる見込みがなくなって目標そのものを撤回する羽目になった。加計学園疑惑の柳瀬唯夫《ただお》・元首相秘書官や、森友学園問題の佐川宣寿《のぶひさ》・元国税庁長官ら官僚も、トップである安倍首相を忖度した「答え」が先にありきで、自ら墓穴を掘った。

自民党も国民民主党などの野党も、過去の延長線上に「答え」があるとしか考えていないから、21世紀のビジョンがまるで見えていない。20世紀は決まった答えに向かって程度とスピードを上げればよかったが、誰も答えがわからない21世紀は間違った答えに向かって程度とスピードを上げたら、壁にぶつかるのが早くなるだけだ。ボート競技のエイトに喩えれば、20世紀は8人のオールの漕ぎ手が力を合わせることが重要だったが、21世紀は1人のコックス（舵取り役）が重要なのである。コックス不在で迷走を続ける日本の政治は、まさに壁にぶつかる末路へと突き進んでいるのだ。政治だけでなく、経済も企業も地域社会も同じ運命にあることは言うまでもない。

教育改革②

AI時代の教育は「答えを見いだす力」の育成こそ急務だ

今の教育を根本的に改革するためには、先生の役割も大きく変わらざるを得ない。

そもそも公務員の仕事の大半は、AI化によって不要になる。なかでも地方公務員は、47都道府県・1741市区町村が、どこもかしこも同じことをやっている。しかも、地方公務員の仕事の大部分は国からの委託業務だ。その上、各種の届け出や許認可など作業内容に一定のパターンがあってマニュアル化や外注化が可能な「定型業務」が大半で、クリエイティブな能力が必要な「非定型業務」は予算編成やイベントの企画など非常に限られている。

したがって、中央に業務系のシステムを置き、インターネットで国民が各地方自治体に直接アクセスできるようにすれば、警察、消防、ゴミ収集、公園の清掃といった労働集約型の分野以外の地方公務員は、おそらく現在の10分の１に削減できるだろう。

同様の理由で、学校で教科を教える先生も10分の１に削減できると思う。なぜなら、今の日本の小学校・中学校・高校の先生は、文部科学省が定めた学習指導要領に基づいて画一的に教えているだけだからである。

ということは、先生は誰でもよいのである。たとえば、テレビによく出演している池上彰氏や林修氏のように、わかりやすく教えられる先生の授業をネットで受講できたら、それで事足りる。実際、今は大手予備校でも人気講師による授業映像の配信が当たり前になっている。さらに、学習指導要領に準拠した「ＡＩ先生」を導入すれば、講師は生身の人間である必要はなく、ロボットやマンガやアニメで代替できる。

また、児童・生徒によるいじめや先生によるパワハラの問題もＡＩのディープラーニング（深層学習）で対応可能だ。全国の学校の過去の事例をコンピューターに入れておき、似たような事例を調べてＡＩに的確な対処法を聞けば、大方の問題は解決できるだろう。

では、そういう中で生身の人間である先生の役割は何か？　それは親の役割と無限に近いものである。たとえば、人間の徳や倫理、生きる方法、社会のルールを教えると同時に、本人の能力を見抜いて的確な進路指導をすることだ。すなわち「メンター（助言者）」としての役割である。

生徒に考えさせるのが先生の役割

さらに重要なのは「答え」を児童・生徒と一緒に考えることだ。それはすでにデンマークやフィンランドなどの北欧を中心に20年以上前から取り組まれている教育であり、そこでは先生は答えを〝上から〟教える「ティーチャー」ではなく、児童・生徒に答えを自分たちで考えることを促して議論を活発にする「ファシリテーター（促進者）」としての役割を担う。

20世紀の教育は、最初から「答え」があって、児童・生徒にそれを覚えさせるトレーニングだった。しかし、21世紀は「答えがない」時代であり、先生も答えがわからない。そこでは、自分で質問して論理を組み立てて答えを推測し、クラスの仲間と議論する中でリーダーシップをふるって周囲の人たちを説得して一つの結論に導く（答えにたどり着く）能力が求められる。先生は、そういう能力を児童・生徒から引き出すために、「君はどう思う？」「あなたの意見は？」というように平等な議論のプロセスを主導する存在に徹しなければならないのだ。もちろんクラスの中でそういう議論を推進する能力のある児童・生徒がいれば、どしどし役割を入れ替わって〝リーダーシップ〟を発揮してもらう。それを見抜くのも指導者の役割、ということになる。

たとえば「21世紀に繁栄するのはどの国か？」という質問があったとする。世界百九十数か国のうち、どの国が有望かという議論が進む中で、「国という単位で考える必要はないのではないか」「繁栄するのは国ではなく地域ではないか」といった議論に発展することが期待される。

あるいは、コロンブスについて学ぶなら「１４９２年にアメリカ大陸を発見」というだけの知識ではなく、「なぜ、あの時代に大航海が始まったのか」という質問からスタートして、要はヨーロッパ列強が他国の資源、労働力、市場を支配して富を収奪する植民地時代になったのであり、そう考えると、今の中国の広域経済圏構想「一帯一路」は21世紀の新植民地政策ではないか、というところまでつながって考えられるようにすることが望ましい。

つまり、質問に隠されている問題点を見抜いて、全く新しい考え方やものの見方を提示できる――それが21世紀に求められる最も重要な能力なのである。

AIスピーカーには答えられないこと

ところが、日本は時代遅れの学習指導要領に従ってスマホ1台あれば答えがわかるようなことばかり教えている。未だに大量生産・大量消費に対応した20世紀型の画一化教育で均質的な人間をつくっている。

逆に言えば、21世紀の世の中で通用しない人間＝ＡＩやロボットに置き換えられるような人間しか育てていないのである。

その一方で文科省は、国際バカロレア（ＩＢ）の普及・拡大に力を入れている。だが、当初は「認定校等を２０１８年までに２００校に」だった目標が今は「２０２０年までに２００校以上に」に変更された。

しかし、２０１９年７月24日時点の認定校は、私が会長を務めているＢＢＴ（ビジネス・ブレークスルー）傘下の「アオバジャパン・インターナショナルスクール」を含めて75校にすぎない（「候補校等」を加えても１４６校）。これでは先送りした目標でも、おそらく達成は無理だろう。なぜなら、スイスに本部があるＩＢでは学習指導要領や教科書を使っている先生は認められず、既存の日本の学校にとっては認定のハードルが非常に高いからである。

そもそも、居酒屋チェーンじゃあるまいし、本質的な教育改革をしないままＩＢの数だけ増やすというのは、本末転倒ではないか。それこそ文科省が21世紀に必要な「答えがない時代に答えを見いだす」能力を有していない証左でもある。

あらかじめわかっている答えを言わせるだけなら、「ＡＩスピーカー」が１台あれば十分だ。すぐにウィキペディアなどで調べて答えを教えてくれる。

つまり、もはやＡＩスピーカーのような人間を育成しても、何の意味もないのである。ＡＩスピーカーには答えられない質問に対して答えが出せる人間、あるいは質問そのものを作り出せる人間を育てないと、21世紀の日本は衰退・没落の一途をたどることになるだろう。

大学入試改革

医学部「不適切入試」を機に独自の〝合格基準〟を公開せよ

2018年に、東京医科大学をはじめとする医学部の不適切入試が大きな問題となり、文部科学省は医学部医学科がある全国81大学を調査した結果、女子や浪人回数の多い受験生を不利に扱ったり、卒業生の子供や地元出身者を優遇したりしていた9大学を「不適切入試」と認定した。過去の入試で合格ラインを越えていた不合格者の追加合格を認めた一部の大学は、翌年の募集定員を減らす方針を示したが、文科省は受験生への影響を考慮して定員超過を特例的に認めると発表。追加合格者が44人と多い東京医科大を除く8大学は募集定員をほぼ当初のまま据え置くことになった。

文科省に不適切入試と認定された大学側は「女性は年齢を重ねると医師としてのアクティビティが下がる」（東京医科大）、「医師や病床数が少ない地域の出身者を優遇した」（神戸大）、「現役のほうが伸びる」（昭和大）などと弁明しているが、なかには意味不明なものもある。たとえば順天堂大は「女子のほうがコミュニケーション能力が高く、男子を救うため補正した」というが、患者の立場からすれば、医師はコミュニケーション能力が高いほうがように決まっている。順天堂大の言い訳は、大学と一般社会の常識のズレを如実に物語っている。

だが、今回の不適切入試問題は、日本の大学入試を世界標準に転換する好機である。世界的に見れば、入試に〝偏向的な基準〟がある大学は珍しくないからだ。

「欲しい人材」の基準をオープンに

たとえばアメリカの私立大学は、ダイバーシティ（多様性）の観点から、男女比率や白人、ラティーノ、ネイティブ・アメリカン、中国系、アジア系などの比率をコントロールしている。単純に入試の成績順に合格させると、人種構成が非常に歪んでしまうからである。

一例を挙げると、私の母校のＭＩＴ（マサチューセッツ工科大学）の場合、何もしなければ理数系の能力に秀でたインド人ばかりになってしまうので、それを考慮して選考している。親が卒業生で寄付金が多ければ多いほど合格できる私立大学も少なくない。州立大学やコミュニティカレッジは地元出身者優先で授業料も安い。

他の国でも同様だ。たとえばロシアの有名大学は、ＭＩＴのインド人と同じ理由で、優秀な人材が多いユダヤ人の比率を密かに制限している。マレーシアの国立大学も、放っておくと中華系民族（華僑・華人）やインド系民族が多数になるため、マレー系民族（マレー人やその他の先住民族）を優遇する「ブミプトラ政策」によってマレー系民族を優先的に合格させている。

日本も、私立大学の場合は、自分たちが欲しい人材を合格させればよいのである。大学が自校のカラーに合った学生や欲しい人材を集めるためには、単純にペーパーテストの点数で合否を決めるのではなく、そうしたバイアスをつける自由度があってよいと思う。

ただし、入試のポリシーと合格基準をオープンにして透明性を担保しなければならない。たとえば私なら、理数系と語学の能力を重視するので、入試では数学と英語の得点を２倍にして他の科目は加点しない、といった基準を設定・公表する。それが嫌であれば、その大学を受験しなければよいだけの話である。

その代わり、高校までは国語、歴史、地理、生物など全科目をカバーすべきである。それらをしっかり学ぶことは人間形成のために極めて重要だからである。

そして究極的には、入試の合否の判定は大学の事務局ではなく、弁護士事務所や会計事務所などの第三者が、大学のポリシーと基準に従って行なうべきである。私の古巣マッキンゼーは新社長を選ぶ際、ディレクター以上の役員の投票で決めるが、そのプロセスは会計事務所に委託している。大学入試も、それと同様の〝神聖な仕組み〟にしなければならないと思うのだ。総長や事務局などが恣意的に合否を操作するのは、もってのほかである。

問題だらけの日本の大学

そもそも今の日本の大学には、問題が山ほどある。たとえば「推薦入学」の制度は廃止すべきである。なぜなら、推薦入学が決まるとその時点で勉強をやめるため、入学後の成績が悪い学生が非常に多いからだ。

また、大学卒業に必要な単位を3年時までにほぼ取得し、4年時はほとんど授業に出る必要がなくなって遊びやアルバイトや就活に専念する学生もいる。そういう場合は3年で卒業させればよいのではないか。

こうした日本の大学の問題は、結局、入試システムの問題に帰結する。つまり、入試問題を作っている人たちが受験生の能力をきちんと判定できるような問題を作っているのかどうか、ということだ。

私はマッキンゼー時代の入社試験では、ペーパーテストで測れる「知識」にはこだわらず、面接試験の応酬話法（顧客対応の基本となる対話法）の中で、その人にどのような思考パターンと判断能力があるのかを主として見ていた。面接試験は万能ではないが、じかに対話すればかなりいろいろなことがわかるものであり、それはペーパーテストでは絶対に測れない。大学も面接重視の入試システムに転換すべきだと思う。

また、これからの時代は「サイバーリーダーシップ」が極めて重要になる。これは実社会の「インターパーソナル（対人）リーダーシップ」とは別物であり、この能力がないとサイバー社会で存在感を発揮することができないのだ。今の日本の大学が、それに対応した入試問題を作れるのか、あるいは入学後に教えられるのかと言えば、ほぼ不可能だろう。

要するに、今回の不適切入試問題を契機に、日本の大学は自分たちの合格基準とその理由を公表した上で、21世紀の日本に重要な突出した異色の人材や非凡な才能を持っている人材を見つけられる独自の入試システムを開発し、かつ合否の判定は第三者に委託する——といった根本的な改革を断行すべきなのである。

だが、そうした議論はほとんど聞こえてこない。その逆に、これを機に大学入試が「厳正中立」「公明正大」「ペーパーテストの点数が絶対」ということになってしまったら、ただでさえ世界の潮流から後れを取っている日本の大学が、さらに50年前に逆戻りしてしまう。コミュニケーション能力がない医科大や医学部の先生たちの記者会見を見る限り、改革するのは至難の業かもしれないが……。

競争力向上

AI人材育成のための「新しい学校」が必要だ

スイスのビジネススクールIMD（国際経営開発研究所）が発表した2019年の「世界競争力ランキング」で、日本は30位と前年より五つ順位を下げ、比較可能な1997年以降で最低となった。アジアでは中国（14位）、台湾（16位）、マレーシア（22位）、タイ（25位）、韓国（28位）よりも下で、インドネシア（32位）に近い。ちなみに1位はシンガポール、2位は香港、3位はアメリカだった。

こうしたランキングの評価の是非はともかく、グローバルな競争力がある人材を輩出できているかどうか、ということは国家にとって非常に重要だ。その点、今の日本は大量生産・大量消費時代の人材教育手法のままで、お粗末極まりない。

だから、グローバルな競争力がある日本発のベンチャーも数えるほどしかない。稀な例は、バイオ医薬品企業のペプチドリームだ。新しい医薬品の開発期間を大幅に短縮・効率化する独自の創薬開発プラットフォームシステムを作り上げ、アストラゼネカ、ノバルティス、イーライリリー、第一三共など内外の多数の製薬会社と契約。従業員わずか１００人ほどだが、時価総額は約６９００億円（２０１９年9月4日時点）に達している。

あるいは、ＩｏＴ分野を中心にＡＩのディープラーニングの研究開発を手がけるプリファード・ネットワークス。日本唯一のユニコーン企業で、オープンソースの深層学習フレームワークを開発・提供し、交通システム、製造業、バイオヘルスケアの三つの重点事業領域でトヨタ自動車、日立製作所、国立がん研究センターなどと共同研究を行なっている。

ペプチドリームやプリファード・ネットワークスのような企業が誕生するためには、世界のどこでも活躍できるスキルを持った人材が多数必要だ。つまり、今まで世界の競争は企業やグループの競争だったが、今後は構成員個々の人材の競争になるのだ。

さらに、これから訪れるシンギュラリティの時代には、ＡＩに仕事を奪われないスキル、すなわちＡＩやＩｏＴを開発したり駆使したりできるスキルが求められる。繰り返しになるが、政府はＡＩを使いこなす人材を２０２５年までに年間約25万人育成するという「ＡＩ戦略」を打ち出したが、日本が育成すべきＡＩ人材は25万人ではなく「２５０万人」、もしくは「25人」だ。単にＡＩでアメリカや中国などに後れを取らないようにするには数百万人必要で、ＡＩ先進国になるためには少数でも傑出したＡＩ人材が不可欠だからである。

目指すべきはフランス発祥の「42」

いずれにしても、日本はグローバルな競争力を持った人材を育成する仕掛け作りが急務となっている。

実際、シリコンバレーには今、テクノロジー教育の専門機関が次々に設立されている。オンライン学習サービスの「ユダシティ」や「カーンアカデミー」などが知られているが、なかでも私が注目している取り組みが、フランス発祥のコンピュータープログラミング学校「42（キャラントドゥ／英語ではフォーティーツー）」だ。私はサンフランシスコ・ベイエリアの同校を視察したが、その中身は実にユニークだ。

創設者はフランスの実業家ザヴィエ・ニエル氏。私財を投じて２０１３年に設立した。学費は「完全無料」で、18歳以上なら学歴に関係なく誰でも入学できる。校舎には数千台のパソコンがあり、24時間・３６５日使用できる。ただし、教室も教師も存在しない。学習は個人個人のレベルに応じてパソコンから自動的に課題が与えられ、学生同士が教え合う「ピア・ツー・ピア」方式だ。

入学の申し込みはネットからできるが、そこから先の「スイミングプール」と呼ばれるプロセスは過酷である。応募者はプールに投げ込まれるように膨大なプログラミングの課題の中に放り込まれ、1か月間休みなく必死にプログラムを書かねばならない。このプールで溺れずに泳ぎ切れれば、好成績の者が晴れて入学できるという仕組みである。

その後、規定の試験に合格したらアルバイトが可能になり、ＧＡＦＡ（Google, Amazon, Facebook, Apple）などのＩＴ企業からパートタイムの仕事を受ける。するとアルバイトでも年収が1万５０００ドルから始まって最高5万ドルほどになり、３～5年後の卒業時には初任給年収10万～15万ドルの人材に育つという。「42」は、いわばフライトシミュレーターで鍛えるパイロット訓練学校のＩＴ版なのだ。

実は私の次男も子供の頃から自分でプログラミングの家庭教師を見つけてきて、あっという間に身につけてしまった。現在はゲームアプリ開発用ミドルウェアを提供しているユニティ・テクノロジーズの日本担当ディレクターだが、20歳そこそこの時に世界的コンピューター企業が手に負えない業務を自宅で受託し、月２００万円稼いでいた。それと同じようなことが、今や世界では当たり前になっているのだ。

日本は音楽やスポーツの分野では、バイオリンの樫本大進氏、テニスの錦織《にしこり》圭《けい》選手、野球の大谷《おおたに》翔平《しょうへい》選手、バスケットボールの八村《はちむら》塁《るい》選手ら世界で通用する才能の持ち主を輩出している。とくに音楽の場合は「スズキ・メソード」と「ヤマハ音楽教室」が人材育成に大きく貢献し、そこから先は個別指導で大きく羽ばたいている。ＡＩ人材の育成も、日本が本気で取り組めば、さほど難しくないはずだ。

しかし、それは今の文部科学省がやっている旧態依然の学校教育システムでは無理だ。前述した通り、もう文科省には期待できないから若手官僚が文科省の中にゼロベースで「アンチ文科省」を作り、新学府を創設せよと提言したが、そこで目指すべきは、まさに「42」や「ユダシティ」のような学校なのである。

財政赤字削減

国の債務を7割カットする「年金制度改革」私案

２０１９年度の一般会計予算は、総額が過去最大の１０１兆４５７１億円に達し、当初予算として初めて１００兆円を超える規模となった。そして、そのうち3分の1の34兆円を占めるのが社会保障費だ。高齢化に伴い、年金や医療などに莫大なカネが必要になっているのだ。

ただし、年金問題が深刻化しているのは日本だけではない。今や世界各国で重要な政治課題になっている。

なかでも、いま最も政府への批判が高まっているのはフランスだ。財政難で年金支給開始年齢を60歳から62歳に引き上げたが、さらに満額年金の支給開始年齢を２０２３年までに65

歳から67歳に引き上げることになっており、これに対して国民が不満を募らせているのだ。

その背景は、フランス人の引退年齢が早いことだ。OECDの調査（2011〜16年平均）によると、実質引退年齢は男性60歳、女性60・3歳。日本の実質引退年齢は男性70・2歳、女性68・8歳なので、フランス人は日本人より男性は10年、女性は8年も早くリタイアするわけだ。

フランス人は、同じラテン民族のイタリア人と同様に、引退後の夢を見ながら仕事をしている。つまり、働くのは遊ぶためであり、働かなくても毎日遊べるようになる引退は早ければ早いほどよい、というメンタリティなのである。だから、年金支給開始年齢よりも早く引退する人が多いのだ。

フランスではマクロン政権に反発する「黄色いベスト運動」で抗議デモが激化し、マクロン大統領は事態を鎮静化するために最低賃金の引き上げや年金生活者を対象とした減税などの対策を発表したが、この混乱の底流にも年金問題がある。黄色いベスト運動が巻き起こったきっかけは燃料税の引き上げで、それは年金の財源を確保する方策の一つだったのである。

各国とも頭を悩ます年金問題

また、イタリアでは国家財政が事実上破綻し、東欧圏がEUに入ったことで1人あたりGDPがEU全体の平均を下回る場合に出ていたEUからの補助金がもらえなくなったローマ以南の州は清掃予算にも事欠き、街中にゴミがあふれまくっている。当然、年金はすでに手がつけられない状態だ。

このため、イタリア人の多くは年金を当てにしていない。現役時代は昼と夜（ムーンライト）に二つの仕事を持ち、年金を受給できるようになっても働くことが当たり前になっている。その代わり、彼らの夏のバケーションは最短でも１か月、長いと２か月以上で、その間は自宅を民泊サイトのエアビーアンドビーなどで旅行者に貸し出して稼ぎ、自分たちはスペインやポルトガルなどに行っている。

さらに、ロシアも年金問題でプーチン大統領の足元が揺らいでいる。

一時、プーチン大統領の支持率が急落したが、その最大の原因は年金支給開始年齢の引き上げだった。ロシアの年金支給開始年齢はソビエト連邦時代に定められた男性60歳、女性55歳のままだが、その後、平均寿命が延びて国家財政を圧迫している。このためプーチン政権は年金支給開始年齢を男性65歳、女性63歳まで段階的に引き上げるという計画を打ち出した。

しかし、ＷＨＯ（世界保健機関）が２０１８年に発表した統計によると、ロシア人の平均寿命は男性66・４歳、女性77・２歳だ。となると、女性はともかく男性の大半は年金をもらえないまま死ぬことになるわけで、それに国民が猛反発して抗議デモが相次ぎ、プーチン大統領は計画の修正を余儀なくされた。

アメリカはロナルド・レーガン政権時代、このまま行くと年金が払えなくなるということで４０１ｋ（確定拠出年金）制度を導入し、年金を企業に丸投げして対応した。これは、企業の従業員が自分で老後に向けた積み立てを行ない、国はその拠出金を税制で支援し、企業は従業員の拠出金に一定の金額を上乗せする仕組みだ。転職した場合には新しい職場に移すことができる。掛け金は株や投資信託などで運用されるため、結果的にその後、アメリカの株価は9倍に膨らんだ。

日本も「日本版４０１ｋ」を導入したが、アメリカとは全く異なる制度である。日本の確定拠出年金は「企業型」と「個人型」の二つがあり、前者はもともと企業が従業員の老後のために積み立てていた企業年金・退職金を新たに確定拠出年金制度に切り替えたもので、企業側が掛け金を支払っている。後者は個人が掛け金を支払うものだが、現状では積み立て不足で加入者も少なく、アメリカのように公的年金に取って代わるものにはなっていない。

個人資産を合算し老後に備える

前述したように、多くの国では国民の高齢化が進む中で年金財政が危うくなっている。そして、その中でも最も深刻なのが日本である。今後は年金のさらなる減額や支給開始年齢の65歳以上への引き上げは不可避となるだろう。

その一方で、前述したように個人金融資産は２０１９年3月末時点で１８３５兆円に積み上がっている。これが将来に対する〝漠たる不安〟で「いざという時のため」に銀行などにじっとしていて市場に出てこないから、日本の景気が上向かないのである。

では、どうすればよいのか？

私は、個人の資産を一本化して、年金をもらわなくても老後のファイナンシャルプランが設計できる金融システムが必要だと思う。

具体的には、預貯金、生命保険、株や債券、不動産などをすべて合算し、その金額を定年退職してから年金を受給するまで給料のように月々、あるいはかつての「一時払い養老」のように一括で支払い、その収入に対しては課税しないインセンティブを付ける、という仕組みである。不動産の「リバースモーゲージ」は、自宅に住み続けたまま、自宅を担保にして老後の資金を借りるローン商品だが、それに金融資産まで加えたものをイメージしてもらえばよい。

支払う金額や年金支給開始年齢を何歳に設定するかという方程式は、金融機関がAIで計算する。そして、もしその人が想定よりも長生きしたら、そこから先は従来の年金をもらえるようにするのだ。

そういう選択肢を作れば、日本人の多くは将来に対する〝漠たる不安〟がなくなって年金受給者が減り、国の年金債務はざっと7割くらい消えるのではないだろうか。

医療費カット

過剰な設備を持て余す病院・薬局経営の抜本改革が必要だ

前項では、日本人の将来に対する〝漠たる不安〟を解消しながら国の年金債務を7割減らすことができる一石二鳥の新たな金融システムを提案した。個人の預貯金、生命保険、株や債券、不動産などをすべて合算し、その金額を定年退職してから年金を受給するまで給料のように月々、あるいは一括で支払い、その収入に対しては課税しないインセンティブを付ける、という仕組みである。

一方、野党の一部は新たな制度として政府が全国民に生活に最低限必要な一定額を無条件で給付する「ベーシック・インカム（ＢＩ）」を提唱しているが、これは最悪で全く意味がない。なぜなら、ＢＩは高収入の人や資産を持っている人にも給付されるので、銀行などにじっとしている1835兆円の個人金融資産がいっそう活用されなくなるからだ。それどころか、1100兆円を突破して過去最大を更新し続けている国の借金をますます増やし、財政破綻を早めるだけである。

そしてもう一つ、日本の財政破綻の一因になりかねないのが、ほぼ右肩上がりで増加している医療費だ。

厚生労働省によると、2017年度に病気やけがの治療で医療機関に支払われた「概算医療費(速報値)」(※)は前年度より約9000億円増えて42兆2000億円となり、過去最高を更新した。実に国家予算の4割に相当する巨額である。

主な要因は、高齢化の進展により75歳以上の後期高齢者の医療費が増えたことだ。その総額は前年度から6800億円増の約16兆円で、全体の増加分の72%を占め、1人あたり医療費も75歳以上は94万2000円で75歳未満の4倍以上になっている。政府の試算では、2040年度時点の社会保障給付費は最大190兆円に達し、そのうち医療費は35%の66兆7000億円を占めると予測されている。

この医療費を抑えるためにはどうすればよいのか?

※概算医療費/医療保険給付費と公費、患者の自己負担分の合計。労災や全額自己負担などの費用は含まない。約1年後に確定値として公表する「国民医療費」の約98%に相当する。

日本は処方薬が多すぎる

日本は全国民を何らかの医療保険に加入させる「国民皆保険」制度を採っているが、これは保険料の負担が多くて医療費が少ない人(高収入で健康な人)が、保険料の負担が少なくて医療費が多い人(低収入で病気がちな人)を補助することで成り立っている。いわゆるクロスサブ(内部相互補助)である。

この制度を維持しながら医療費の増加に歯止めをかけるとなると、まず、不必要な通院を減らさなければならない。たとえば、今は家で寝ていれば治るような軽症でも自己負担が少ないから安易に病院に行く人が多い。なので、もし医師が診断して病院に来る必要がなかったと判断したら、保険適用外（全額自己負担）にする。そうすれば、不必要な通院は激減するだろう。それも保険でカバーしたいという人は、民間の医療保険に加入してもらえばよい。

さらに、製薬業界や薬局の合理化も不可欠だ。前述した２０１７年度の概算医療費の内訳を見ると、「調剤」が7兆７０００億円で全体の18・３％を占めている。これまた自己負担が少ないということで、多くの人が市販の「ＯＴＣ医薬品（大衆薬）」も、病院で医師に処方箋を出してもらい、調剤薬局で購入している。それを服用しないまま残って何の薬かわからなくなり、また病院に行って同じ薬を処方してもらったりしている。だから調剤費用が異常に膨らんでいるのだ。

そもそも日本は医師の処方箋がなければ購入できない「医療用医薬品（処方薬）」が多すぎる。たとえば、痛風治療薬の「ユリノーム」や花粉症対策の「クラリチン」などは海外ではＯＴＣ医薬品だが、日本では医療用医薬品だ。そういう例は他にもたくさんあり、なかにはネットで海外から簡単に購入できる医療用医薬品もある。つまり、日本の医薬品に対する規制は形骸化しているのだ。

また、薬局と薬剤師も多すぎる。厚労省の調査によると、２０１７年度末時点の薬局数は５万９１３８軒で前年度末より４６０軒増加し、２０１６年末時点の薬剤師数も30万１３２

3人で前々年末から1万3000人以上増えている。

薬局もAI導入でコスト削減

薬局は厚労省の規制により、基本的に1日平均40枚の院外処方箋に対して1人以上の薬剤師を配置しなければならない。だが、今や事実上、薬剤師はあまり必要なくなっている。なぜなら、医療用医薬品の大半は最初からパッケージングされているからだ。薬剤師が「調剤」しなければならない薬は、極めて少ないのである。つまり、厚労省が規制を緩和し、AIを導入するなどして薬局の調剤を機械化すれば、薬剤師を減らしてコストを大幅に削減できるのだ。

病院の経営も抜本的に改革していかねばならない。病院は、できるだけ多くの患者を入院させないと赤字になるところが少なくない。外来が赤字なので、入院患者とそれに伴う手術や検査などを増やさなければ、黒字にできないのである。

そもそも日本の病院は、設備や病床（ベッド）が過剰である。たとえば、OECDの調査によると、100万人あたりCTとMRIの設置台数は、主要国の中で日本が断トツである。CTは107・2台で2番目に多いオーストラリア（64・4）の1・7倍、MRIは51・7台で2番目に多いアメリカ（37・6台）の1・4倍だ。イギリスに至っては、CTは日本の10分の1にも満たない。しかも、日本の病院はX線や超音波、心電図、内視鏡などの検査設備も整っている。カルテは患者のもの、と言いながら実際は患者に渡されていないので、病院を変えるたびに同じ検査を繰り返す。設備を活用して収益を上げたいなら、海外にパイを広げて外国人の「メディカル・ツーリズム」を積極的に誘致すべきだろう。

こうした医療費や年金の無駄の削ぎ落とし＝歳出カットは、役所に任せていても「縦割り」で医療費全体や年金全体を見ていないから無理である。したがって政治家がやるしかないのだが、安倍首相はこの深刻な課題に対して何ら有効な対策を取っていない。早急に解決策を探るべきだろう。

QR決済
出遅れた日本人が理解すべき大転換シー・チェンジの本質

ようやく日本国内でも、デビット方式（※）の「ＱＲコード決済サービス」が拡大し始めている。

これは、客が店のレジなどに掲示されているＱＲコードを専用アプリで読み取るか、客がスマートフォンに表示したＱＲコードやバーコードを店がタブレット端末などで読み取ることによって決済を行なうシステム。国内では、オリガミの「Ｏｒｉｇａｍｉ Ｐａｙ」、ＬＩＮＥの「ＬＩＮＥ Ｐａｙ」、楽天の「楽天ペイ」、メタップスの「ｐｒｉｎｇ」、ＮＴＴ

ドコモの「d払い」、アマゾンの「Amazon Pay」が続々と登場し、さらにソフトバンクとヤフーの「PayPay」も参入して、乱戦模様になっている。

だが、これらの多くは未だ地域・店舗限定であり、銀行口座との間で直接やりとりができないため、プリペイド（前払い）か4週間のフロート（後払い）、クレジットカード払いを使っている。中国のeコマース最大手アリババ傘下の金融会社アント・フィナンシャルの「余額宝」などのように、MMF（マネー・マネジメント・ファンド）と直接やりとりできるものは見当たらない。

しかも、この変化はあまりにも遅々としている。

たとえば中国のQRコード決済の利用者は、すでにアント・フィナンシャルの「アリペイ（Alipay＝支付宝）」と、SNS・オンラインゲーム最大手テンセントの「ウィーチャットペイ（WeChat Pay＝微信支付）」がそれぞれ10億人を超えている。利用者は重複しているが、それを勘案しても中国人の大半は両方、もしくはいずれかのQR決済サービスを使っているわけだ。その結果、決済だけでなく貯金や資産運用、融資などの金融サービスも両社が手中に収め、一時は中国全土に普及した「銀聯《ぎんれん》カード」や、融資を受けるのが難しい国策銀行は、あっという間に凋落してしまった。

※デビット方式／決済すると代金がリアルタイムで預金口座から引き落とされる決済方式。

日本のキャッシュレス比率は18％

中国に限らず、今や世界ではＱＲコードをはじめ電子マネーやクレジットカードで代金を支払う「キャッシュレス決済」が主流になっている。経済産業省の「キャッシュレス・ビジョン」（２０１８年４月）によると、世界各国のキャッシュレス決済比率は、89・１％の韓国を筆頭として、キャッシュレス化が進展している国では40～60％台に達している。日本は18・４％にとどまっているが、すでに世界では決済サービスの「シー・チェンジ（大転換）」が起きているのだ。

ＱＲ決済は、スマホがもたらしたシー・チェンジの象徴だ。ＩＣＴの世界では、これまで技術的に二つのシー・チェンジが起きている。

一つは「ルーター革命」だ。ルーター（ネットワーク上を流れるデータを異なるネットワークに中継する機器）が登場したことにより、国別だった通信方式や電話回線が克服された。もう一つは、アップルのｉＯＳとグーグルのアンドロイドによる「ＯＳ革命」だ。ＯＳ（基本ソフト）が世界に二つしかなく、しかもアプリの大半は両方のＯＳ向けに提供されている。

つまり、事実上、ＯＳは世界に一つしかないわけで、言い換えれば、スマホのアプリはボーダレスで、他の商品のような国別戦略が必要ないのである。実際、ナビゲーションアプリの「Ｗａｚｅ」や天気予報アプリの「ウェザーチャンネル」などは、国境を越えて世界中どこでも利用できる。

そして今は、三つ目のシー・チェンジの「ＱＲ決済革命」が起きようとしている。これまで国境をまたいだ決済はクレジットカードが中心で、事前に年齢や職業や年収などの信用審査があった。しかし、代金が即座に客の預金口座から店の預金口座に移るデビット方式のＱＲ決済は、その場で瞬時に自分の信用を証明することができるので、年齢や職業や年収は関係ない。

つまり、クレジットカードがエクスクルーシブ（排他的）なのに対して、ＱＲ決済のようなデビット方式はインクルーシブ（包括的）であり、極端に言えば小学生でもＯＫなのだ。引き落とし口座の残高が足りなければ取引が成立しないだけだからである。

このような潮目の変化は、もはや止めようがない。実際、九州では中国人客のインバウンド需要に合わせて店舗やホテルだけではなく、タクシーなどにもＱＲ決済が急拡大している。

もともとは日本発なのに…

経産省はキャッシュレス決済比率を２０２５年に40％に高めることを目指しているが、そう簡単にはいかないだろう。なぜなら、世界的にＱＲ決済革命というシー・チェンジが起きているにもかかわらず、その意味を多くの日本企業が理解していないからである。

たとえば、三菱ＵＦＪ銀行などのメガバンクは独自のデジタル通貨の発行を目指したり、ＱＲ決済の実験をしたりしている。しかし、それらはあくまでも自己都合優先で顧客は二の次だ。本来は蓄積されていて然るべき顧客の信用情報もビッグデータとして活用できず、そのサービスは高コストの全銀システムをはじめとしてフリクション（摩擦）だらけである。

また、そもそもQR決済が本格的に普及したら、日本の銀行はクレジットカードの手数料という最大の収入源を失ってしまう。預金を集めて企業や個人に貸し出す〝本業〟の「預貸業務」では全く儲かっていない彼らが、眠っていても手数料が入ってくる金城湯池のクレジットカード事業を脅かすQR（デビット）決済の導入を本気で急ぐとは思えない。

だが、QR決済への移行自体は、さほど難しいことではない。もともとQRコードは1994年に日本の自動車部品メーカー、デンソーの開発部門（現在のデンソーウェーブ）が発明したもので、日本はテレビ番組でも使っているほど広く普及している国だから、それを決済手段として本格的に導入するかどうかは、関連業界が決断すればよいだけの話である。

しかし、メガバンクだけでなく、楽天やヤフーも自社内に銀行事業やクレジットカード事業を持っていて、少なからず金融庁の支配を受けている。このためQR決済サービスへの参入が遅れたことは否めない。つまり、純粋な〝QR決済派〟は、既存の金融エスタブリッシュメントにはいないのだ。

中国の場合、アント・フィナンシャルやテンセントは失うものがなかったから、一気呵成にQR決済サービスを拡大して銀聯カードを凌駕することができた。日本でもQR決済革命というシー・チェンジの意味を深く理解し、金融庁の支配を受けることなく純粋にQR決済に賭けた企業が、群雄割拠の戦国時代を制するのではないだろうか。

インフラ老朽化対策

ブロック単位で再開発する東京〝先進的メガシティ〟構想

2018年夏、イタリア・ジェノバで建設から50年以上経た高速道路の高架橋が突然崩落し、43人が死亡する事故が起きたのは記憶に新しい。だが、これは〝対岸の火事〟ではない。2007年に高速道路の橋が崩落して多数の死傷者が出たアメリカでも、橋や道路の多くは建設後70～80年経過して老朽化している。しかし、修繕や造り直しは遅々として進んでいないため、トランプ大統領は2018年1月の一般教書演説で今後10年間に1兆5000億ドル（約163兆円）規模のインフラ投資を求めた。

日本も同様だ。2012年の中央自動車道・笹子トンネル天井板落下事故はインフラ老朽化による事故の典型だが、高度経済成長期以降に整備された道路や橋、トンネル、下水道などの大半が、今後15年で耐用年数の目安とされる「建設50年」を超える。

これに危機感を募らせた国土交通省は2014年に「インフラ長寿命化計画」を策定し、戦略的な維持管理・更新を進めようとしているが、予算や技術者の不足でなかなか進捗していないのが現状だ。

そもそもインフラは我々の健康診断や人間ドックと同じように定期的なメンテナンスが必要だが、今のところそれに相当する調査方法は極めて原始的である。たとえば、ビルやマンションの外壁タイルなどは剥がれて落下する危険がないように竣工後10年を経過したら点検しなければならない。

しかし、その方法は足場やゴンドラを設置し、作業員がハンマーや棒で叩いて音で判断する「打診調査」が今なお主流である。橋やトンネルをはじめとする公共インフラの調査方法も大差はないが、今後は渦電流やX線などの従来とは異なる検査技術を組み合わせてデータを集め、AIやロボットを利用して簡単に調査・点検できる技術開発に予算を大々的に投入していくべきである。

「役人の裁量次第」は明らかに間違い

いずれにしても、これから日本はインフラの老朽化対策に莫大なお金が必要となるわけで、これは「国策」として取り組んでいかねばならない。しかし、巨額の債務を抱える国が、この上さらに老朽化対策に予算を振り向けるのは難しい。

そんな状況の中で、こと東京に関しては、やり方次第でこの危機を乗り越えられると私は考えている。

東京都の「マンション実態調査」(2011年)によると、都内には分譲マンションが約5万3000棟あり、そのうち2割強にあたる約1万2000棟が震度6強や7の大地震に見舞われると倒壊する危険性が高い「旧耐震基準」で建てられた物件だという。

この老朽マンション対策として、都は「玉突き建て替え」制度を2019年度にも創設すると報じられた（『日本経済新聞』2018年8月19日付）。これは、不動産会社が老朽マンションを買い取れば別の場所に建てるマンションの容積率を上乗せし、買い取った物件の跡地にマンションを建設する場合も別の老朽物件を買えば容積率を積み増す——というものだ。

だが、そうした役人の裁量次第で容積率や建蔽《けんぺい》率が左右されるというのは明らかに間違っている。そういう子供だましはやめ、建築基準法を根本的に見直して、全国一律からローカルなものにすべきである。

つまり、老朽マンションは安全性だけが問題なのだから、役人が鉛筆をなめながら決めるべきものではないのだ。建築や土木の専門家が、その地域や地盤で確実に安全性が担保できる容積率や建蔽率を計算上決めていくやり方が望ましい。

その上で東京などの大都市については、さらに大きな視野で都市を先進的なメガシティへと大改造する構想力が必要だ。

容積率は〝隠れ資産〟

たとえば、今の東京にはインフラ老朽化に加えて二つの大きな課題がある。大田区、足立区、葛飾区、江戸川区などの「液状化リスク対策」と「通勤時間の短縮」だ。それを解決するためには、老朽マンションの建て替えは1棟ごとに行なうのではなく、100m四方くらいのブロック単位で再開発しなければならない。併せて電気、電話、上下水道、ガス、非常用の備蓄や発電機などのライフラインをまとめて地下に埋設する「共同溝」も建設する。日照権などは、都心部に関しては当面、棚上げすべきである。

その場合、最初は都が予算を使って手がければよい。専門家の判断に基づいて容積率と建蔽率を大幅に緩和すれば、同じ敷地に2倍、3倍の人が入ってくる。そうすると、外部経済（資本）を取り込むことができるので、税金を使わなくてもアークヒルズや六本木ヒルズのような大規模再開発が可能になる。土地改良や耐震・災害対策を徹底した大改造が進んで液状化や通勤時間の問題が解決でき、都市の景観も良くなるのだ。

それを推進するためのもう一つの提案は、マンション管理組合の「株式会社化」である。今のマンション管理組合の大半は住民（所有者）が持ち回りで理事を務めているし、建て替えには少なくとも全世帯の3分の2の合意が必要なため、意思決定がなかなかできない。しかし、株式会社には意思決定の仕掛けとルールがある。だから速やかに建て替えができるし、その結果として増えた容積率分の資産を所有するので非常にポテンシャルの高い会社になる。

そうすると、二つのことができる。前述したようなブロック単位での大規模再開発を行なうこと、それによって増えた資産の権利を第三者に売ることだ（東京都には、大規模再開発を支援する「マンション再生まちづくり制度」などもある）。その権利をゼネコンやデベロッパーに売って建て替えれば、住民の資産は2倍、3倍に増えるわけだ。管理組合の株式会社化は、実はすべての解決策なのである。

東京の場合、容積率は〝隠れ資産〟である。容積率を増やせば、おのずと資産価値が増える。いわば「空から富が降ってくる」のだ。それを老朽化対策のために活用しない手はないだろう。

その一方で、東京の再開発が進むと神奈川・千葉・埼玉各県の人口が減少するという問題があるが、それらの県の郊外はそもそも東京都心に通勤すべき場所ではないのだから、都民が休日を楽しむ別荘地帯（ウイークエンドハウスや家庭菜園など）にするような工夫を凝らせばよいのである。ニューヨークやロンドン、パリなどを見れば、こうした遠距離通勤圏は例外なく週末用の別荘地となっている。

また、地方は過疎化するしかないが、それはそれで美しい自然や古き良き日本の風情を売りにして都市住民やインバウンドを呼び込むなど、繁栄の方法はいくらでもある。インフラが老朽化したこの国は、そういう割り切った発想で、税金や借金ではなく、空中にある未開発の資産を使いながら、民間ベースで手際よく造り直さねばならないのだ。

地方分権革命

統治機構改革なき「地方創生」は絵に描いた餅

総務省が2019年1月末に公表した2018年の「住民基本台帳人口移動報告」によれば、東京圏（東京、神奈川、埼玉、千葉）は23年連続で転入者が転出者を上回る転入超過となった。都道府県別に見ると、転入超過は東京圏と大阪、愛知、福岡などの8都府県のみで、東京一極集中が一段と加速している。

このため政府は、2018年5月に東京一極集中の是正に向けた新法を国会で可決。その概要は、東京23区の大学の定員増を10年間認めず、地方の大学や企業と連携して産業振興や専門人材の育成に取り組む自治体を対象とした交付金制度を創設する、というものだ。

しかし、現在の中央集権の統治機構が続く限り、東京一極集中が解消されることはない。拙著『君は憲法第8章を読んだか』で詳述したように、現実問題として地方の田舎は人口減少に歯止めのかけようがなくなっているし、東京一極集中は日本企業や日本の国全体の生産性を向上させるので、日本のためには望ましいことである。

もう多くの国民は忘れてしまっているかもしれないが、安倍政権は2014年から「地方創生」の看板を掲げて担当相を新設し、莫大な予算を計上してきた。２０２０年までに地方から東京圏への人口転入を６万人減らすと同時に東京圏から地方への転出を４万人増やすといった目標を設定し、新しい交付金制度をいくつも作るなど様々な施策を打ち出したが、成果は全く出ていない。結局、税金を垂れ流しているだけである。

地方の吸引力は「自由度」にある

なぜ、地方の人口減少に歯止めがかからないのか？　東京をはじめとする大都市圏には仕事（若者が望む就職先）があり、地方にはないからだ。それに、今や東京圏でも都心に近いエリアに続々とマンションが建設されたため、かつてのように郊外のニュータウンから長時間通勤をしなくてもよくなってきている。

東京一極集中が進んでいる日本と対照的なのはアメリカだ。もともとＳＯＨＯ《ソーホー》（スモールオフィス・ホームオフィス）やセカンドハウスを所有するライフスタイルがあったが、このところ西海岸で新たな地方への人口大移動の波が起きている。

その理由は、生活コストの高騰である。人手不足が深刻化しているシリコンバレーやサンフランシスコ・ベイエリアではエンジニアの初任給が年収１０００万円超に達しているが、住宅などの生活コストも高く、一戸建ては２億～３億円台がざらである。だから、高年収でもさほど豊かな生活はできなくなっている。このため、西海岸からあふれた人々が数百㎞内陸に入ったオレゴン州、アイダホ州、ユタ州、アリゾナ州などの自然が豊かで生活コストが安い地方都市に数万人規模で移住しているのだ。

日本がアメリカから学ぶべきは、まずシリコンバレーなど急成長を続けるメガシティ、メガリージョンの地域経済があり、そこに人、モノ、カネ、企業、情報が集まるということ。そして、そこからあふれ出た人々が周辺に移住して、さらに地方の繁栄を拡大しているということだ。逆に言えば、あふれ出るカネと人口がなければ、地方に繁栄を移植することはできないのだ。

アメリカの場合、州に立法・行政・司法の三権と州税などの財源があり、税制、教育制度、交通法規、銀行免許、ギャンブルやマリファナの可否などについて独自に決めることができる。その自由度を正しく使えば、繁栄の吸引力につながるのだ。中央からの交付金で地方が繁栄するのではなく、ライフスタイルで魅力を発揮できれば、結果として地方に移住する人が増えていくのである。

いくら通信環境が整っても…

地方自治体が中央の出先機関にすぎない日本には、そういった仕掛けが何もない。政府は特区などの〝目こぼし〟をしているが、それではアメリカのような数万人規模の地方への人口移動は起こり得ない。税金をバラ撒いているだけである。

実際、私はそうした取り組みをしている日本の自治体をいくつも視察したが、UターンやJターン、Iターン（※）が増えている様子は全くなかった。地方はどこも寂寞《せきばく》とした状況である。

また、東京圏が23年連続で転入超過といっても、それは東京23区（とくに都心３区）や横浜市東北部、川崎市、さいたま市、千葉市西部など大都市の限られたエリアで、それ以外の地域（たとえば横須賀市や熊谷市といった東京都心から遠いかつての通勤圏）は人口が減少して寂れまくっている。

逆に近年、転入者が増えている福岡市の場合、その主因はインバウンド景気だ。４０００人以上の観光客を乗せた中国などからのクルーズ客船が続々と博多港にやってきて消費を拡大し、雇用も創出しているのだ。要は〝真水〟の需要や雇用をどれだけ生み出せるか、ということが繁栄のカギになるわけだが、そのための自由度が日本の地方にはなく、道州制導入の議論もいっこうに進んでいない。

最近では、「リビング・エニウェア」というコンセプトがしばしば話題になっている。これは何の条件も制約もなく、世界中の住みたい場所に住めるようにする、という考え方である。日本でもＳＯＨＯやセカンドハウスが広がればよいと思うが、いくら通信環境が整備されて「いつでも、どこでも」働けるようになったとはいえ、それで地方創生ができると考えるのは、あまりに短絡的だと思う。

そもそもクリエイティブな仕事をするためには、化学反応を起こす人と人のリアルな出会いと自由闊達《かったつ》なコミュニケーションが必要不可欠だ。それがなければ、富を創出する新しいアイデアは生まれない。結局、地方に多くの人々を引き寄せる吸引力がない限り、今の流れは変えようがない。

ことほどさように「絵に描いた餅」でしかない地方創生の論議は、いつまでやっていても埒が明かない。文部科学省は東京一極集中を是正するため、東京23区内にある私立大学に対し、2019年度の定員増と学部・学科の新設を原則として認めないとする新たな基準を告示したが、18歳人口はこれから年々減少していくのだから、そんなことをしたところで何の意味もない。安倍政権が本気で地方創生を実現したいなら、現在の中央集権の統治機構を根本的に変え、地方に自発的な発想で産業を起こして雇用を創出できる権限と財源を与えるしか、その手立てはないのである。

※Uターンは、進学や就職で地方から大都市に行った人が再び郷里に戻ること。Jターンは、郷里に近い地方都市への移住。Iターンは、大都市出身者が地方に移住すること。

新・大政奉還

「明治150年」今こそ国を造り直す真の「維新」を

2018年は、NHK大河ドラマ『西郷《せご》どん』が放映されるなど、世の中は明治維新150周年記念が花盛りとなった。安倍首相も年頭所感や施政方針演説で「本年は、明治維新から150年の節目の年」「明治の先人たちに倣って……今こそ、新しい国創りの時です」と明治維新に倣う姿勢を盛んに強調していた。だが、結局掛け声倒れに終わり、文字通り「維新」＝国を造り替える革命は実現していない。

平成時代が始まった30年前、私は「平成維新」と銘打ち、江戸時代から続く日本の中央集権の統治機構はゼロベースの改革で根本的に造り直さなければならないと主張した。同名の書籍は100万部以上も売れるベストセラーとなり、「新・薩長連合」を立ち上げて道州制の導入や統治機構改革などを提唱した。しかし、その具体的な問題解決策は、残念ながら未だに何一つとして実現していない。

なぜゼロベースの改革が必要なのか？　これは会社でも同じだが、既存のシステムを前提として少しずつ直すというやり方では、本質は変わらないからだ。その場しのぎの小手先の改革はすぐに陳腐化してしまうので、制度疲労した組織やシステムはゼロから造り直すべきなのである。つまり、日本が現在の低迷・停滞から脱するためには、150年前の明治維新と同じような「革命」を起こさなければならないのだ。

江戸・明治以来の統治システム

この国の統治機構は、基本的に江戸時代のままで過度な中央集権となっているし、それに上塗りしただけの明治時代の名残も山ほどある。

その最たるものが「都道府県」だ。

明治政府は中央集権を強化するために諸大名から天皇に領地（版図）と領民（戸籍）を返還する「版籍奉還」と、それまでの藩を廃止して地方統治を府と県に一元化する「廃藩置県」を行ない、その区割りが今も行政単位として存続している。

しかし、現在の「都道府県」は、実はあまり意味がない。廃藩置県は、江戸時代の藩を合併したり分割したりして府県に置き換えただけであり、地方自治体と呼ばれている地方公共団体（都道府県と市区町村）は、江戸時代以来の中央集権の統治機構の下で、単に「国から業務を委託された出先機関」でしかないのである。

しかも、都道府県と市区町村には定義がない。

たとえば、山岡鉄舟の本を読むと、廃藩置県に伴い新政府に出仕して伊万里県権令《ごんれい》（現在の佐賀県知事に相当）に任命された鉄舟は、命がけで鍋島藩の財産と権限を取り上げ、彼自身の判断と力ずくで新しい佐賀県を造っている。

裏を返せば、都道府県は何らかの定義や法体系に基づいて形成されたものではないわけで、これは市区町村も同じである。憲法第8章に準拠した地方自治法にも「普通地方公共団体は、都道府県及び市町村とする」「特別地方公共団体は、特別区、地方公共団体の組合及び財産区とする」としか書かれていない。

さらに日本には「政令指定都市」という、わけのわからない行政単位もある。「人口50万以上の市」で「都道府県と同じ権限を持つ」とされている。たとえば、神奈川県の場合は政令指定都市が横浜市、川崎市、相模原市の三つ、福岡県の場合は福岡市、北九州市の二つがあるため、県知事の役割や権限は極めて小さくなっている。ほかにも、「国家戦略特区」などの例外を設けて、政府が〝上から〟目こぼししたりしている。

本来は、明治維新で廃藩置県を行なった時に府県や市町村の概念と役割をきちんと定義すべきだったのにそれをしなかった。その上、政府が次々に新たな制度を作るから、地方自治体は役割が不明確で中途半端な状態になってしまったのである。そして、そもそも自治体とは名ばかりで三権のいずれも持っていないために「自治」は全くできない。

いま日本が低迷・停滞から抜け出せない最大の理由が、ここにある。

「廃県置道」で繁栄を呼び込め

21世紀の繁栄は、世界と直接つながることでもたらされる。国も地方も世界中から人、カネ、企業、情報を呼び込むことが富を生むのであり、それが〝繁栄の方程式〟なのだ。

戦後日本が成長してきたのは、まだ途上国だった時期には中央集権が効率良く機能したからである。しかし、今や中央政府の単発エンジンは老朽化して出力が衰えてしまい、地方自治体の多発エンジンを起動しなければにっちもさっちもいかない状況になっている。だから今ごろになって慌てて「地方創生」などと言っているわけだが、地方自治体には立法権も徴税権もなく、自前の財源もないため、いっこうにエンジンがかからないのである。

これを打開する方法は、廃藩置県ならぬ「廃県置道」、すなわち私が30年前から提唱している道州制への移行しかないと思う。

その定義を改めて簡単に説明すると、47都道府県を統合して10か11の道州を置き、その下に人口30万くらいのコミュニティをつくる（道州ごとに30〜40前後）。そして道州は国から立法権、行政権、司法権、徴税権のかなりの部分を委譲してもらい、経済活動を司る。コミュニティは初等・中等教育や医療・福祉などの生活基盤を提供する役割を担う。

道州制の目的は、前述した〝繁栄の方程式〟を使い、各地方がボーダレスに人、カネ、モノ、企業、情報の出入りを自由にして、世界から繁栄を呼び込むための産業基盤を創設する単位になることだ。そうやって経済的に自立するには、どうしても１０００万人単位の人口が欲しい。それゆえの「道州」なのだ。

よく霞が関の官僚は、地方の役人は能力がないから権限は委譲できないと言うが、やらせてみればよいのである。その結果、失敗した道州は衰退し、成功した道州は栄えるだけの話であって、栄える道州が一つでも二つでも出てきたら、それが良い事例となる。日本人には、成功事例があるとやる気になり、真似をするうちに独自性を発揮するという特徴がある。そのプロセスを起動することが日本再生の原点となるのだ。

以上をまとめれば、就任以来7年近く過ぎても、微修正を積み重ねただけでほとんど成果を出していない安倍首相は〝大政奉還〟して、「廃県置道」ができる体制に移行すべきである。

令和維新
30年間変われなかった日本でも実現すべき二つの法案

私は昭和から平成への改元を機に日本をゼロベースで改革する「平成維新」を提唱し、平成5年（1993年）に上梓した『新・大前研一レポート』で、国家運営を再構築する総論の「コモンデータベース法」「道州設置法」「国会議員半減法」「外交基本法」の四大法案に各論の「日本を変える79法案」を加えた83法案を提案した。

私が会長に就任して1992年に発足した政策提言型市民集団「平成維新の会」は、翌年の総選挙で108人の候補者を推薦し、82人が当選した。推薦にあたって、候補者たちには「（当選したら）1人1法案の議員立法で83法案を実現させる」という誓約書にサインしてもらっていた。にもかかわらず、彼らは1人もその約束を果たさなかった。

結果、平成30年間で日本は構造的な改革が全く進まず、むしろ中央集権の統治システムが強化されて中央政府と議会の機能不全とともに衰退した。平成維新が挫折した原因は何か？

私の力不足や認識の甘さ、約束を守らなかった無責任な議員たち——そのすべてかもしれないが、日本が再び繁栄するために前述の83法案が必要だという考えは今も変わっていない。

最重要な二つの法案

なかでも、平成から「令和」に変わったこのタイミング、すなわち「令和維新」で実現しなければならない法案が二つある。

一つは「コモンデータベース法」だ。これは21世紀の国家に必須であり、いま政府が必死に普及させようとしているマイナンバー制度とは全く別物だ。

日本の場合、明治時代の家父長制の家制度を基にした「戸籍」と、個人単位の「住民票」が並立している。この二つの関係はどこにも定義されていないが、日本国憲法は国家と個人の契約を定めたもので、個人単位の住民票は日本国憲法の精神と一致している。民主主義の根本である選挙権も住民票に基づいて付与される。

一方、日本国憲法には「家」や「戸籍」という概念がない。また「本籍地」は戸籍の筆頭者かその配偶者が届け出れば簡単に異動できるので、皇居や東京ディズニーランドが本籍地の人が大勢いるという意味不明なものになっている。しかも、戸籍はデータベース化されていない。たまたま電子化されていても市区町村別にやっていて方式が異なり、互いにつなげることができないので、共通のデータベースにはなっていないのである。

この問題を解決するためには、戸籍も住民票も廃止して、新たに個人のありとあらゆる属性をデジタルデータで把握したコモンデータベースを構築し、それに基づいて国家およびその委託を受けた行政機関のすべてのサービスが行なわれるようにしなければならない。

また、そのコモンデータベースはリレーショナル（関係）データベースになっていないといけない。たとえば、Aという男性がBという女性と結婚して何人の子供をもうけ、そのうち同居しているのは誰と誰で、それ以外の人間はどこに住んでいるのか、といったことである。つまり、個人の横方向と縦方向のつながりがわかるものでなければならないのだ。

ところが、現在のマイナンバーは個人個人が孤立していてリレーショナルデータベースになっていない。しかも、マイナンバーカードは各種行政手続きのオンライン申請など（※）ができるというが、事実上ほとんど利用する機会がない。

そもそも日本は健康保険、年金、自動車運転免許、パスポートなどの個人番号が役所別に縦割りでバラバラだ。それらの個人情報を役所は把握しているのに、横につながっていないのである。平成30年間で世の中は急速にデジタル化が進んだが、行政手続きの大半は未だに「手書き」である。また、国家と個人の関係は永遠でなければならないが、マイナンバーカードには申請時の顔写真が入っているだけで、一生使える生体認証は採用されていない。驚くべき〝デジタル行政後進国〟ぶりだ。

こんな現状をひっくり返して、データベースからすべての行政を行なうというのが、私が30年前に提案したコモンデータベース法の考え方だ。いわば天地を逆さまにするのである。そうすれば、役人の数と行政コストを半分以下に削減することもできるのだ。

※そのほか、金融機関における口座開設やパスポートの新規発給、コンビニでの住民票や印鑑登録証明書の取得などに利用でき、2021年3月からは健康保険証としても使えるようになるという。

もうこの国はもたない

もう一つは「道州設置法」だ。私は平成元年（1989年）に上梓した『平成維新』（講談社）で、21世紀の国家運営は、まず道州制という新しい広域統治機構を導入すべきだと提言した。しかし、道州制の論議は出ては消えを繰り返して迷走し、結局、何も変わっていない。

いま世界で繁栄しているのは国単位ではない。これまでも繰り返し述べてきたように、メガシティ、メガリージョンである。したがって、日本は国土の均衡ある発展や総花的な地方創生を目指すのではなく、まずメガシティの東京をもっと自由にして、東京一極集中をさらに加速させるべきである。その一方で、地方に世界中から人、カネ、企業、情報を呼び込むために道州制を導入し、都道府県を人口1000万人くらいの組織運営単位に造り替えて自治権を与えていく。

たとえば「関西道」は、陸路でも片道3時間以内で移動できるコンパクトな地域にカナダと同規模のGDPを有する経済圏となるし、博多から鹿児島まで新幹線で1時間半の九州は、すでにインバウンド需要を取り込んでメガリージョンとして成長する絶好の条件を備えている。北海道や四国は、自治権を与えればその地域的な特性に合わせてデンマークやスイス、ニュージーランドなどをモデルにした「クオリティ国家」（※）を目指して蘇ることができるはずだ。

結局、これから日本が繁栄するためには、私が平成元年に提案した「平成維新」を、そっくりそのまま令和時代の政策に移植すればよいのである。それが「令和維新」となるのだ。

無論、すでにそれから30年以上が過ぎ、その間、無策を続けてきた傷は深い。日本は莫大な借金を年々さらに積み増して国全体が衰え、国家運営のパラダイムを転換する大改革に着手することは、ますます難しくなってきている。

それでも、コモンデータベースで行政コストを半減し、道州制で中央集権を終わらせて自治体ごとに世界から繁栄を呼び込む――という2点に集中した「令和維新」を実行せずにいたら、もうこの国はもたない。平成30年間の延長線で破綻への道をじわじわと、しかし確実に進むだけである。

※クオリティ国家／著者が提唱している新国家モデル。人口が300万～1000万人、1人あたりGDPが400万円以上で、世界の繁栄をうまく取り込んでいる。典型は、スイス、デンマーク、シンガポール、フィンランドなど。

憲法改正

安倍首相よ、改憲するなら
まず「将来世代に借金しない」と書け

安倍首相が、残る任期の中で最も重要な政治課題としているのは憲法改正だろう。

安倍首相は、2017年5月3日の憲法記念日に「9条1項（戦争放棄）、2項（戦力不保持・交戦権否認）を残しつつ、自衛隊を明文で書き込むという考え方は国民的な議論に値する」との見解を示し、「2020年を新しい憲法が施行される年にしたい」と表明した。従来の自民党の憲法改正草案では、2項を削除することになっていたが、安倍首相がそれを維持しながら自衛隊を明記する〝加憲〟の考え方を示したことで、改憲論議が改めて盛り上がる機運が生まれた。

安倍首相が改憲を正面から提起したこと自体は評価できる。なぜなら、70年間にわたって一字一句も変更されていない現行憲法を時代の変化に合わせて改正していくのは当然のことだからだ。

ただし根本的には、自民党は「自衛隊は違憲ではない」と主張してきたのだから、今さら憲法に「自衛隊を明文で書き込む」と言われても、まるで70年間同棲してきた男女が突然入籍するような違和感がある。また、前述した自民党の改憲草案では、新たに９条の２として「国防軍」の規定を新設することになっているので、それとも安倍首相の提案は矛盾する。

さらに、そもそも自民党は「自主憲法制定」が１９５５年の立党以来の党是である。自主憲法はＧＨＱ（連合国軍最高司令官総司令部）の置き土産である現行憲法をちまちまと改正するのではなく、ゼロベースで「創憲」するのが筋だから、その意味でも安倍首相の提案は、あまりにお粗末と言わざるを得ない。

野党は「七十年一日」の平和憲法論

だが、それに対する野党は金縛りにあったように「平和憲法を守れ」と言うだけで、デジャブもいいところだ。最大野党の民進党（当時）に至っては、本来なら独自の改憲案を出すべきなのに、何も提示できていなかった。

日本維新の会は憲法改正原案で「教育無償化」「道州制による統治機構改革」「憲法裁判所の設置」を掲げる一方、９条改正にも含みを持たせている。このため、安倍首相は前述した改憲案提起の中で、日本維新の会を意識して「高等教育についても、すべての国民に開かれたものにしなければならない」と述べた。日本維新の会への秋波は、９条改正に慎重な公明党が離反しないようにしながら、改憲発議に必要な３分の２の国会勢力を確保するための安倍首相の常套手段になっている。

要するに、野党の大半は十年一日どころか「七十年一日」のカビが生えた平和憲法論に終始しているわけだが、現行憲法のどこに平和が保証されているというのか? いくら「国権の発動たる戦争と、武力による威嚇又は武力の行使は、国際紛争を解決する手段としては、永久にこれを放棄する」「陸海空軍その他の戦力は、これを保持しない。国の交戦権は、これを認めない」と日本だけが言ってみたところで、平和は訪れないのである。にもかかわらず戦後70年以上にわたって日本の平和が維持されてきたのは、アメリカの強大な軍事力と核の傘に守られていたからだ。

しかし、野党がそんな体たらくであっても、現実問題として、安倍首相主導の改憲は難しいだろう。一部の世論調査では、9条に自衛隊の存在を明記する安倍首相の改憲案に賛成多数という結果も出ているが、実際に選挙で9条加憲を争点にしたら負けるだろうし、国民投票でもおそらく反対多数になると思う。

それは原発論議に似たところがあって、東京電力柏崎刈羽原発の再稼働が争点となった2016年10月の新潟県知事選挙では、同原発は福島第一原発事故の教訓を盛り込んだ技術的な安全対策をすべて施してあり、再稼働を推進する自民党が保守王国・新潟で前長岡市長を全面支援したにもかかわらず敗北した。いくら安全と言われても、政府・自民党にやらせたら安心できない、と県民が判断したのである。改憲論議における国民の深層心理も同様ではないかと思うのだ。

危機意識ゼロの安倍流改憲

しかし、憲法改正は必要だ。なぜか？　今の憲法のままでは日本の将来が危機に瀕するからである。

現行憲法は、GHQが日本に二度と戦争を起こさせないようにするために作ったものであり、9条は〝お仕置き〟の条項である。前文で「国際社会において、名誉ある地位を占めたい」などと書いているが、日本と日本人がどうあるべきかということは不明確だ。

私自身の改憲（創憲）案は、拙著『君は憲法第8章を読んだか』で詳述している。自民党の憲法改正草案のお粗末さも同書の中で詳しく論じ、その上で中央集権体制の限界とアベノミクスの失敗がもたらす日本の危機を回避するための道州制による本当の地方自治を実現するとともに、軍事力ではなく、インフラ造りや教育や環境対策などで世界に貢献する「真の平和憲法」制定を提唱している。

それにさらに付け加えるとすれば、世界で最も少子高齢化が進んで人口が減り続け、世界で最も多い借金を抱えている日本の現実を踏まえて、「将来世代に借金の先送りはしない」と明記し、政府に財政の健全化を義務付ける「財政規律条項」を設けるべきではないかと思う。そういうタガをはめないと、いつまでたっても政府は国債（＝将来世代からの借金）に頼った野放図な財政運営をして、借金を増やし続け、若者からやる気を削ぐに違いないからだ。

本来、国家の根幹を書き換える憲法改正は、このままでは国の行く末が危ういと判断した為政者が政治生命を懸けて取り組むものだ。自民党が自主憲法の制定を党是としたのも、国家の独立が揺らいでいた立党当時の危機意識の表われだろう。しかし、それから半世紀以上たった現在の日本にとって、最大の危機とは何か？　国の膨大な借金こそが喫緊の課題のはずだが、その危機意識はゼロで、単に従来からの持論である「自衛隊を明文で書き込む」と言い出した安倍首相は、やはりお粗末と言わざるを得ない。

古い中央集権体制を打破し、新しい時代に合った統治機構につくり変えるための憲法改正は、なんとしても実現させなくてはならない。改憲気運を逃さず、日本を21世紀以降も平和に繁栄させるための改憲はどうあるべきか、超高齢社会でも国力が衰えないための国民的な議論が巻き起こることを期待したい。

あとがき　新しい「繁栄の方程式」――劣化する政治から〝離脱〟せよ

本書では、歴代最長となる安倍政権がいかに無駄な政策を繰り返してきたのかを検証し、その一方で世界的に進む「自国第一主義」の蔓延の中で、日本はいかに「再起動」すべく改革に取り組むべきかを考えてきた。

しかし、過去2年ほどの間に週刊誌連載で書いてきたこれらのテーマを集大成する過程で、大きな徒労感も抱かざるをえなかった。

安倍政権における政治家と役人の「劣化」は言うに及ばず、アメリカやイギリスもまた衰退モードに入り、ポピュリズムのフェイク政治やレトリック政治が横行している。北欧などごく一部にモデルとなりそうな国家もあるが、本書の主題である『「国家の衰退」からいかに脱するか』は多くの国の国民に共通するテーマだろう。

そうした状況にある日本人にとって、大きなヒントを与えてくれる国がある。それは、イタリアだ。

「国は邪魔な存在」という発想

公的債務が対GDP比で約130％に達してEUから予算の見直しを求められ、国内経済も惨憺たる状態にあるイタリアが、なぜヒントになるのか？　実は多くのイタリア国民は、国や政府の問題を考えるのは時間の無駄だと割り切って、そこに期待することを諦めている。国や中央政府がどうなろうが関係なく、自分の家族やコミュニティ、会社が世界とつながり、そこで自分たちの商品やサービスをどう売り込んでいくかを熱心に考えているのだ。

たとえば、イタリア北部コモ湖畔にある絹織物の産地コモは、約600社がクラスター（集団）を形成し、エルメスなどの高級ブランドの縫製品を一手に引き受けている。あるいは、エミリア・ロマーニャ州パルマでは、パルミジャーノ・レッジャーノというブランドのチーズや、パルマ産生ハム（プロシュート・ディ・パルマ）を生産し、世界中にその名を知らしめている。また、世界最高水準のニットを生産しているのは、人口わずか7万人のカルピという町だ。ここで開かれるコレクションショーには世界中からデザイナーやバイヤーがやってきて、次シーズンの商品を買い付けていく。

ほかにも、日本では福井県の鯖江市が品質の高い眼鏡フレームを生産していることで知られているが、実はその福井の眼鏡フレームを使って世界的ブランドに商品を供給しているのがミラノを拠点とするルックスオティカである。同社は、レイバンやオークリーなどのブランドのほか、アルマーニなどの一流ブランドとライセンス契約をしている。

ことほどさように、イタリアでは〝青息吐息〟の政府とは距離を置いて、たくさんの地方や企業が世界と直接つながって、国外から富を呼び込んでいるのだ。その多くは、ファミリービジネスの集合体でありながら、1000億円規模の事業を展開している。

もともとイタリアは都市国家から出発している経緯もあって、人々の間には国というのは邪魔な存在だという発想がある。そのため〝国が滅びようとも自分たちは生き延びていく〟という考え方が浸透している。日本人も、そんなイタリア人の思考を今こそ学ぶべきだと思うのだ。

「税金」頼みの国は疲弊するだけ

もう一つ、今の世界で繁栄しているモデルがある。それが、本書でもたびたび紹介してきたメガリージョン、メガシティだ。アメリカのシリコンバレーやサンフランシスコ・ベイエリア、中国の深圳などがその典型だが、これらの地域もまた、国家という単位に縛られることなく、自分たちの繁栄を築き上げてきた。

アメリカ西海岸のハイテク拠点は、ニューヨークなどの東海岸のエスタブリッシュメントに対するアンチ志向が非常に強い。また、新興都市の深圳も60代以上の世代の人間が少ないこともあって、北京や上海に代表される古い秩序による支配からできるだけ逃れたいと考えている。そういうところだからこそ、新しいことにどんどん挑戦できて、自動運転車の走行実験やドローンの開発などにもすぐに取り組める。

それらのメガリージョン、メガシティは、だいたい人口1000万人以上で、21世紀型の企業や大学が集まり、ハイテク（技術）とファンド（資金）が揃っていなくてはならない。

日本で言えば、その条件に近いのは北海道や九州だろう。実際、いずれも「道」「州」を称して道州制の単位でまとまりやすく、一つのユニットとして世界に発信していけば、深圳のようなメガリージョンになりうると思う。九州の場合は、毎日4000人もの中国人観光客を乗せた巨大クルーズ船が博多港に停泊しており、このインバウンド需要が莫大な富を地元にもたらしている。その上、九州新幹線や高速道路が整備されたことで、博多港から九州のどこへ行くにも日帰りできる1日経済圏になり、九州全体で一体感が醸成されてきている。北海道もまた、豊かな自然を売りにして世界中の観光客を呼び寄せるポテンシャルを持っている。

重要なのは、いま繁栄を享受している国や地域は「税金」によって栄えているわけではない、ということだ。自分たちが納める税金でもって繁栄しようとすると、その地域の企業や店舗は、次第に疲弊していく。世界中から人、企業、カネ、情報を呼び込むことが新しい「繁栄の方程式」であり、私が提唱したボーダレス経済学の一番の根本なのだ。そう考えると、〝税金は取れるところから取る〟という安倍政権のやり方がいかに時代錯誤なものなのか、よくわかるだろう。

いま問われているのは、劣化・衰退していく国家と一緒に沈んでいくのか、それとも自分がいる地方や企業ごとに世界の繁栄とつながって生き残っていくのか、という選択である。

生き残る道は二つ——小さくとも独自の技術とブランドで世界とつながるイタリアモデルか、1000万人を超える人口とハイテクや観光資源などの付加価値を有するメガリージョンか。いずれにしても、劣化が止まらない政府や役所に期待することなく、ボーダレス経済の中で生きる道を模索することが、これからの新しい「繁栄の方程式」なのである。

【編集部より】本書は、週刊ポストの連載「ビジネス新大陸の歩き方」の２０１７年～２０１９年８月までの掲載記事の中から抜粋してテーマごとに並べ替え、加筆・修正した上で再構成したものです。また、読みやすさを考慮して、敬称を一部略しています。

編集協力／中村嘉孝
校正／小学館クォリティーセンター
小学館クリエイティブ
本文ＤＴＰ／ためのり企画
写真（著者撮影）／江藤大作
装幀／河南祐介（ＦＡＮＴＡＧＲＡＰＨ）
編集／関 哲雄

大前研一（おおまえ・けんいち）

1943年福岡県生まれ。72年に経営コンサルティング会社マッキンゼー・アンド・カンパニー・インク入社。本社ディレクター、日本支社長、アジア太平洋地区会長を歴任し、94年退社。

以後、世界の大企業やアジア・太平洋における国家レベルのアドバイザーとして幅広く活躍。現在、ビジネス・ブレークスルー（BBT）代表取締役会長、BBT大学学長などを務め、日本の将来を担う人材の育成に力を注いでいる。

著書に『企業参謀』『新・資本論』『質問する力』などのロングセラーのほか、『「知の衰退」からいかに脱出するか？』『この国を出よ』（柳井正氏との共著）『日本復興計画』『訣別』『稼ぐ力』『低欲望社会』『君は憲法第8章を読んだか』『大前研一 日本の論点』シリーズなど多数。近著に、『個人が企業を強くする』『50代からの「稼ぐ力」』などがある。

「国家の衰退」からいかに脱するか

2019年10月6日　初版第1刷発行

著者　大前研一
発行者　鈴木崇司
発行所　株式会社　小学館
〒101-8001
東京都千代田区一ツ橋2-3-1
電話　編集　03-3230-5951
販売　03-5281-3555
印刷所　萩原印刷株式会社
製本所　株式会社　若林製本工場

造本には十分注意しておりますが、印刷、製本など製造上の不備がございましたら「制作局コールセンター」（フリーダイヤル0120-336-340）にご連絡ください。（電話受付は、土・日・祝休日を除く9：30〜17：30）

 ISBN978-4-09-380112-6